結拜

我的青春追想曲

張瑞昌 著

目次

II 親情相繫

III 江湖見習

後記

（推薦序）

從板車拉出的青春樂章

劉克襄

七〇年代初，就讀高中時，我經常回到瑞昌書中僅淡淡提過二三回的地方，九張犁。

那兒是我出生的家園，卻或許是他最不想回憶之處。至少，在我跟他聊及過往台中諸事時，從未聽他提及。但我必須從這個讓他父親傷心之地破題。

年過半百時，我畫了一張九張犁的簡圖，同時把周遭鄰居家族的居住位置繪出。我們家是長長的竹筒厝，在我五歲舉家前往台中時，有些屋頂搭蓋茅草，後來才鋪為黑瓦白牆之厝。有回，姑姑來台中探望母親，我取出手繪地圖展示，忍不住問道，阿嬤娘家的位置在哪？

阿嬤姓張，也是村裡的人，年輕時嫁到劉家。姑姑按圖指著我們家北邊不遠的地方，還提醒我那是間三合院。阿嬤是瑞昌父親的姑姑。

一如瑞昌在〈板車上的家族記憶〉所述，因為昔時家境貧窮，在大家庭的環境裡，其他房的人對他們並不友善。瑞昌的祖母那時不得不越過一塊水田，走到我們家，跟阿嬤賒一口米，借一把菜。或許是這一物質援助的情誼吧，後來瑞昌父親跟家父在台中各自成家立業後，便常像兄弟般的敘舊，偶有生活事業的討論。

至於，瑞昌在書裡提到，當祖父病逝台中醫院，其父親借板車拉回九張犁，竟被阻擋於大廳之外，不得安厝於內。受此屈辱後，他毅然帶領家人遠離傷心地的往事。我年輕時即耳聞，此等家族親情之澆薄。因而常和父親感嘆，這一昔時九張犁的憾事。

我經常回九張犁，因青光眼而失明的祖父仍獨居在那兒。我跟瑞昌一樣是長孫，總會受到家族最多疼愛，但責任亦背負最重。再怎麼樣繁瑣辛苦的照顧，好像理當都要做最後的承擔。那些年回鄉，我一定拎著蔬果，固定月初去探望，順便幫他清理家屋。又或者，帶他走動一下，因而對村子屋宅的分布也有幾分熟稔。

那回當姑姑指出瑞昌或許不曾去過的，我阿嬤的老家位置時，我彷彿也有了更具體的九張犁圖像，同時揣想著瑞昌父親帶著家人遠離村子的情境。

九張犁在我的印象裡，好像沒出過什麼人才，倒是有兩位兄弟綁架殺人，被判死刑，因而轟動一時。母親曾說我四歲時，這對惡童兄弟將我藏在某一處草寮裡，但那只是遊戲。我對他們印象挺好的，因為他們教我如何利用蜘蛛網捕捉蜻蜓。

瑞昌父親帶著家人搬遷到台中下橋仔後，瑞昌在那兒出生。我小時好像去過一回，因而有些模糊印象。之後，其家族再搬到南屯，那兒我便熟稔了。青春歲月裡的釣魚、讀書或打籃球，幾乎都在這一帶渡過。只是對照瑞昌少年回憶錄，我明顯少了一層狂野。

「一九八一年夏天的記憶，早熟的青春如哭過的月色……」

「就像電影裡渴望自由的暹邏鬥魚，在黑白鏡頭的運轉下，伴隨著重機車輪的奔馳，一路駛向大海。」

瑞昌從飆風少年描述自己的狂野，一路晃蕩到青年的熱血，文本鋪設了三條回溯自己成長的路線。許是持續溫暖的遠親關係，以及青少年的成長地圖如此大量重疊，我在讀瑞昌的文章時，感懷特別多面。也試著，想從這一微妙血緣的角度，凝視這一系列平易近人的回憶之文，進而摻入這等必須勾勒的隱私。

他的家族回憶，與我最為貼近。瑞昌父親的奮鬥，以及最後出走九張犁，在台中從黑手起家，年輕時我斷續從父親那兒聽聞。今日從此一文本，終有清楚的回顧。同一時期，父親也離開九張犁，因為擔任教職，舉家搬遷到台中。

瑞昌跟我一樣就讀同一國中，但我虛長他六七，過度乖巧守禮，讓我的少年時代如白紙般空白。從國中到高中，他的乖違不羈，卻在日後形成璀璨的奇幻成長。但那不是對一個年代知識的回憶或爬梳，而是用自己和夥伴青春肉體換取的生澀經驗，在書裡引領大家去發現和迷路。透過不同的事端，我們看到一個青少年的叛逆，在台中的探險地圖，卻也看到台中老城區的變遷風貌。

瑞昌北上讀書後，我才和他認識。那時我在自立報系任職，他則就讀大學。我退伍回台中，進入職場的第一份工作是瑞昌父親的幫忙引薦。瑞昌來找我時，我亦幫他介紹，跟著楊渡、李疾等人在各地從事報導工作。

好學的他從這兒開啟另一視角，延續著少年時代的好奇，觸鬚伸向各階層。八〇年代解嚴前夕社會運動到處迸發，重大政治環境議題亦浮出檯面。瑞昌不僅走進現場，見證這一階段諸多台灣的重要變革，也是振筆疾書者。後來他會成為一位優秀的政治記者，大抵是這時期的慢慢磨鍊養成。這一完整豐沛的記者生涯，或許可供有志社會報導的後進參考。

輯雖分三，實有一個圓心。再怎麼遠離，台中都是主要磁場。整本的書寫繞著它運轉，也繞著它自我修正。從這城市角度觀察，這一系列文章不只是瑞昌的青少年圖像，也是台灣快速蛻變下，回顧老台中變遷的小縮影。

〈推薦序〉我的人生行路夥伴

夏珍

很長一段時間裡，我們是互為左右的人生行路夥伴，轉眼竟是廿年前的事了。

那一年，我從台北南調中興新村，迎接修憲後的「第一次省長民選」，瑞昌很快後腳跟到，成為我極倚重的同事。台中衛爾康大火，死傷無數，我懷著女兒要到殯儀館現場跑新聞，瑞昌臉一沉說，「大姐，你別鬧了，肚子裡有小孩，就好好坐在辦公室。」於是乎，他一肩頂上成了「現場指揮官」。

我們的家都在台中，開開心心地回鄉要把地方新聞搞他一個天翻地覆。彰化福興鄉非法垃圾場被黑道把持，瑞昌帶著同仁深入險境，持續追蹤，硬是讓兩年沒人管的非法占用公地的垃圾場關門，也為報社拚到一座吳舜文新聞報導獎，讓地方記者揚眉吐口氣。

新聞戰的確激昂人心，但我們都沒想到紮根於地方的時間這麼短。隔年，第一次總統大選，我又被調回台北，肚子裡的娃兒落地才剛滿月，卻無法扭轉北調的任務，因為修憲凍省大勢已明，中興新村這個「基地」遲早要收攤的，果不其然，不多久，瑞昌隨著我的腳步北調。

從此之後，我們倆成了「北獨派」，只有周末才相偕南下，基於尊重「男性尊嚴」，也為了偷懶，大多數的時候是由他掌握方向盤，開著我的小破車，一路聊回家。

每周兩個小時南下車程裡，我們無話不談，從政局到報館人事，從新聞檢討到觀點補遺。而我始終沒忘記那一年南下，瑞昌老爸慎而重之的特別請我吃一頓飯，把他的兒子交代給我的情景，老派人物的端肅誠敬，讓我對自己的工作都多一了份鄭重。

在新聞路線上，我們剛好兩端，他的主線在綠，我的主線在藍，對時局的看法時有歧異，卻恰恰可互為補強。二〇〇四年秋，他赴日本朝日新聞擔任客座研究員半年，電郵往返無數，多少也挑起我對日本這個彷彿熟悉實則陌生的國度的些許興趣。

在成長背景上，我雖長他幾歲，勉強還算得上是「同一代人」，但顯然也是兩端。他的家裡沒姊妹，我的家裡沒兄弟，這十幾廿年相伴跑新聞，人生各自多了一姊一弟，可這弟弟管起人來比姊姊還念叨，我念他要疼惜老婆，他就念我要疼惜自己。

有一回，夜裡下了班與同業酒聚，小飲兩杯，當年抓酒駕沒這麼嚴，我開車返住處，但瑞昌不放心，騎著機車跟在我車後，好確認我安全無虞，巧不巧碰上警察臨檢酒測，我搖下車窗，員警看都不看我，揮揮手讓我離開，我眼睜睜的從後照鏡看他被攔下來，呵呵，我安全回返住處，小老弟卻未躲過這一劫，災情慘重，他大氣都沒吭一聲，其人之重「江湖情義」可見一斑。

他念二中，在台中這是皮小孩念的學校；我讀曉明，在台中是出了名管得緊的女校。我老懷疑他慘綠少年時代是不是「混過」？他總笑兮兮的說誰高中沒打過架？他說，他是扁人而非被扁的，但看他一副「白面書生」相，實在懷疑他有多大本事扁人，這回好好看了《結拜——我的青春追想曲》，恍然大悟，各種路數的人物都可結拜，難怪他打起架來氣勢十足。

同樣的青春，他的風風火火；我的青春一頁一頁翻過去，蒼白得幾乎難以在記憶中停佇。連家裡姊姊都狐疑的問：「奇怪，我最慘最慘在拚聯考的時候，你在哪裡？為什麼記憶裡沒你？」我可不是石頭縫裡老了才迸出來的毛猴子，那幾年，我可憐巴幾地住在學校裡，「享受」獨立自主的人格與人生，這大概算是我最大最大的叛逆了，老媽為了我堅持住到離家門騎自行車不到十五分鐘的學校去，足足哭了一個月，倒楣的是，沒了爸媽的管教，卻多了修女的框架，簡直逃都沒處逃，完全失策。

他的偶像是高凌風，我是看到高凌風就頭痛，〈冬天裡的一把火〉尤其讓我抓狂，鳳飛飛都是到老了才感覺她的好。他的日本是流動的，我的日本卻是三島由紀夫、川端康成、《源氏物語》……，十六歲女孩聚在一起討論的是「介錯之美學與力量」，神經病到無以復加，還好「自殺小組」討論將近一學期之後，考量到各種方案之殘忍與疼痛，非有超人般的勇氣與毅力難以達成，結論是：一頭栽進垃圾桶悶死會不會好過點？

我的搞笑青春就是這種雞毛蒜皮的「耍嘴創意」，當年劉墉大紅，短語片句的「人生是……」，隨便仿著寫就是一大本，讀書心得忽而林語堂全集「套評」、張愛玲小說「集評」、高陽歷史小說分冊「點評」，唬得國文老師一愣一愣；這學不夠，還要比擬《紅樓夢》，把女孩們全套個花神，百花榜讓全班競搶；女孩們不知是樂了還是怒了，校慶表演，她們迷上了林懷民還迷上了余光中，仿雲門編舞，丟了一本《蓮的聯想》，要我改寫詩成舞的序曲引言，余光中的詩還改得了嗎？抓破頭三天，就徹底斷了我的文學夢，十六歲的女孩兒們，說有多殘忍就有多殘忍。

他的青春在街頭，我的青春很早就趕上了此刻流行的「宅」，連人生的第一根菸都是因為同學在校外抽菸被記過，躲在家裡廚房偷拿老爸一根長壽，半嗆半吞抽完後，隔天到校完好如常，到現在我還是搞不懂，為什麼我沒被記過而她被記過？只有一句話能形容：笨到掉下巴。

完全不搭的兩路姊弟，卻在新聞路上相遇，政治，是我們永遠不膩的話題，生活則是消遣，在政治與友誼的權衡中，我們有著完全的共識：什麼叫朋友，錯了也相挺到底！還好，錯的都是政客。人生行路多艱難，有友相伴不寂寞，祝福我的結拜：瑞昌的青春追想。

（本文作者為「風傳媒」總主筆）

I

年少輕狂

鐵牛阿榮和芋仔冰城

「朝會後，二年十三班留下來做服裝儀容檢查。」

該死的教官竟然發動突襲，同學們怨聲四起，「幹，這穩死！」有人抱怨那個掛著兩顆梅花的，怎麼老是跟我們這班過不去，但陸軍找碴還不夠，一旁身穿藍色軍便服的少校教官也在旁監視，我們稱這個空軍少爺官是「一翦梅」。

陸空夾擊，逃都逃不掉。兩顆梅花彷彿在做部隊高裝檢般逐一巡視，穿白襪、沒繫銅扣腰帶、大盤帽摺得像艘船，一些不合格的同學都被點名出列，兩顆梅花帶著詭異的笑容，如一頭野狼穿梭在待宰羔羊群裡，直到腳步停在阿榮面前。

「你怎麼沒穿內衣？」「報告教官，天氣太熱了，這樣比較通風涼快」

「天氣熱更要穿，才不會長汗疹！」教官皺起眉頭追問，「別人至少還穿白襪，你怎麼連襪子都不穿，不怕得香港腳？」

「報告教官，我有穿襪子啊！」兩顆梅花睜大眼睛往阿榮抬起的左腳仔細瞧，「你穿絲襪？」「因為今天早上起床找不到襪子，只好跟我媽媽先借來穿。」阿榮一講完，有人噗嗤，有人捧著肚子，就連那個「一翦梅」也忍俊不住。

這不是阿榮頭一回鬧笑話，他是標準的天兵。便當永遠在第三節下課後吃完，每次敲桿一定會凸槌，打麻將時總是拿錯牌當相公。不要說教官沒轍，即使和他做同學的我，也經常被他搞到哭笑不得。

不過，我倒是和阿榮還不錯。剛升高二那年，他是留級生，就坐我旁邊，因為體格魁梧，長得黝黑，動不動就露出碗口大的胳臂和六塊肌，讓我將他跟「鐵牛運功散」裡頭那個打電話跟媽媽報平安的阿榮作聯想。

電視廣告中的阿榮壯得像一頭牛，現實世界裡的阿榮也不遑多讓。但更教人感動的是，阿榮有情有義，有代誌找他從不推卻，有他跟著出生入死，有時還有一種蝙蝠俠與羅賓的錯覺。

我這麼說並不意味著自己是蝙蝠俠，只是每當有麻煩找上門時，他都挽袖相挺，打死不退。

一九八〇年的台灣社會，升學主義當道，我的高中生活也像其他人一樣，充滿著許多困惑與不解。那時讀新潮文庫的尼采自傳《瞧！這個人》，讀得滿天全金條，如墜五里迷霧。有一天，和鄰近的省中死黨開講，聊起他們學校最近從台北師大附中來一個轉學生，結拜老夏直言那傢伙臭屁得要命，打算給對方來個下馬威。

苦悶的生命總是需要找尋出路，尤其是在虛無中找到存在的意義。就這樣，那個外地轉來的附中仔，倒楣地成了一群叛逆的在地高中生發洩不滿情緒、展現地盤勢力的祭品。

那天第八堂課結束後，我穿上黑夾克，準備一如往常地前往放學後和死黨們相聚的老地方碰頭。事先獲邀的阿榮，對執行這項「教訓」任務表露忠誠之意，二話不說，揹起書包，與我同行。

傍晚的美芳芋仔冰城早已聚攏一堆好事之徒。「人在哪裡？」「好像還在補習班裡面」「那就把他找出來」，五、六個人你一言我一語，七嘴八舌的議論，惟有阿榮保持殺手的緘默，依靠在騎樓底下的摩托車旁，不發一語。

坦白說，我幾乎忘記那個附中轉學生長什麼模樣。印象中他應該有一百八十公分高，臉上帶著一點嬰兒肥，白白胖胖，但最重要的是，他一副吊兒郎當的屌樣，已構成被修理的必要條件。

整個衝突過程，剛開始有點像王家衛電影中的暴力美學。那個附中仔被「請」到冰果室門前，對方才剛報上名字，還來不及反應，我的第一拳就揮向右臉頰，老夏跟著往肚子招呼，連挨數拳的轉學生，一個踉蹌應聲倒地，側身翻轉時，將冰果室的幾張桌椅撞得東倒西歪。

阿榮始終都在旁觀看、沒有出手，他隨後扶起對方，搭著肩問候對方，「你還好吧！這裡要做生意，我們到附近的巷子裡談談。」

後來在暗巷內的對話內容，簡直跟周星馳主演的電影一樣無厘頭。

「幹，你不會站好嗎？」阿榮冷不防給附中仔一拳，對方摀著腹部幽幽地問道，「你們是為了秦小芳而來的嗎？」「誰是小芳？」我和阿榮面面相覷。「我只認得美芳芋仔冰啦！」「喔，那兩位大哥怎麼會找上我？」附中仔繼續哀怨地操著字正腔圓的國語回答。

「靠北，哪ㄟ拄著講北京話？」阿榮很無奈地問附中仔，「你外省不會講台語？還是有聽沒有懂？」「一點點」，那聲音細若蚊飛。「我跟你說，因為咱兄弟很多，雖然沒有要你擺一桌，但下禮拜你要拿一條長壽來陪對」「一支菸就好？一支怎麼分？」「幹，你聽乎清楚，是一條，有十包那種的，不是一支啦！」

那一晚，我們就在補習街裡「雞同鴨講」。因為從沒用北京話吵過架，我和阿榮聯手應付那個附中仔，顯得渾身不對勁，有時還得做語言翻譯，雙方比手畫腳，就怕弄錯意思。

「碗糕咧，我是遇到外國人嗎？有夠累！」阿榮露出一副頭殼發燒的表情。

暗巷痛扁轉學生，並不是麻煩來找我，而是自己去找麻煩。事隔數日，我被那所省中教官找去談話，還指定我閱讀一篇刊載在當期《讀者文摘》裡的外電報導，文章主題是關於何謂勇氣。

這個素昧平生的省中教官，算是對我手下留情，他諄諄善誘，從「暴虎

美芳芋仔冰城

馮河」、「匹夫之勇」談起，然後要我寫讀後感，並且很客氣地說，「我和你們主任教官很熟，將來你畢業典禮那一天，我會去參加！」

天殺的，他抬出兩顆梅花來威脅，我的高中生涯快變成尼采筆下的「悲劇的誕生」。回家後，我左思右想，不敢怠慢，乖乖地繳了一篇文情並茂的讀書心得「論勇氣」。

那麼阿榮呢？他沒有留級，順利畢業，但從此音訊全無。我最後聽到的訊息是，聽說他騎的那輛野狼機車在警方臨檢時出了事。

三十年後，每回看到「鐵牛運功散」的電視廣告，我總會想起阿榮，還有那間已經消失無蹤的芋仔冰城。

文化街　青春俱樂部

一九八三年夏天，雖然輔導課已經開始了，但無聊的教室怎麼能關得住浮動的青春。我們三天兩頭往外跑，不是篤行路的撞球間，就是大雅路的保齡球館，但大家總覺得沒什麼搞頭，一種茫然的虛無感瀰漫在同儕之間。

我們曾夢想在賭局中扮老千，計畫找個凱子海撈他一筆。擅長打花牌的阿志，成了眾望所歸的作手。為了造就「賭神」，我、阿榮、小朱在宿舍陪他勤練牌技，從疊牌、取牌、做牌到換牌、胡牌，夜以繼日地琢磨，還邀來一些外人充當靶子隊，就只盼盡早出師闖蕩江湖。

然而，縱使像阿志打得如此出神入化的高手，也有落魄到吃泡麵度日的窘境。因為真的進了賭場、上了牌桌，我們這才驚覺原來「人外有人、天外有天」，而且江湖之險惡，非我吾等小輩能輕攖其鋒。

直到那個「地下俱樂部」的出現，一群血氣方剛的高中生，終於有眾裡尋她千百度的感覺，對「生命的意義在於創造宇宙繼起之生命」有了深刻體認。

帶給我們生命初體驗的主角是愛雲芬芝（Edwige sfenek）。對於這個一九七〇年代紅遍半邊天的義大利性感女神，我們雖與她神交已久，卻只能偷偷摸摸地混入專門插播成人色情片的電影院一探究竟。為了避免被校外聯合稽查小組抓包，還得想辦法喬裝，躲過無所不在的教官耳目。

但學校旁邊的「地下俱樂部」，卻翻轉了遊戲規則，讓我們不再忸怩、遮掩地去成人戲院朝聖，反倒可以堂而皇之在俱樂部裡看愛雲芬芝主演的《風流女房客》。隨著愛雲的引路，我們從黃色書刊中升級，進而發現情色電影之美，《瘋狂醫院俏護士》、《艾曼紐夫人》，以及驚世駭俗的《查泰萊夫人的情人》，都相繼走入十八歲那一年。

究竟是誰發現這個好所在，已不可考，不過既是「地下」，就沒有店名，「俱樂部」一詞其實也是隨口說的。它位在文化街的眷村裡，一間不起眼的平房，負責經營的是幾個看似大學生的年輕人，他們因陋就簡地在入口處擺了一張書桌，桌面繪有世界地圖，藉以權充售票處的櫃台，旁邊還有一座小冰箱，擺放瓶裝的可樂和汽水。

通常，顧客一上門，老闆會在櫃台先拿出一本電影目錄作為選片之用，裡頭除了一刀未剪的成人電影之外，最吸引人的還是與首輪同步的院線片，甚至還有尚未上映的強檔。挑了片子之後，老闆會安排播放時段，如果前面的客人還沒看完，就得排隊等候下一個場次。有時人多，上午預定的場次還得排在晚間，總之，生意興隆，黑夜比白天還要熱鬧。

「俱樂部」是二十四小時營業，老闆將客廳布置成放映室，正中央有一座大沙發，兩旁還有藤椅、板凳等各式各樣的座位，陳設十分克難，但醉翁之意不在酒，顧客多半也不以為意。

由於電視機和錄影機是全天候跑，擔心機器過熱，後面各有一只電風扇，不斷地吹風幫忙散熱。我們光顧的時間經常在深夜，因為午夜場有折扣優惠，看電影還附送一杯飲料，大家樂此不疲，往往一連看了好幾部影片，出了俱樂部，竟已東方發白。

那是一個錄影帶的年代，也是盜版滿天飛的年代。我不知道「俱樂部」

的片源從何而來，只曉得老闆每回都很神祕地從抽屜裡拿出未曾聽過的新片，向我們大力推薦。對當時充滿好奇的高中生而言，不僅週週有新片，而且還品質掛保證，簡直是有如身處天堂般的感官享受。

一九八三年的台灣，國片正興起一股新浪潮電影，王童的《看海的日子》、陳坤厚的《小畢的故事》、侯孝賢的《風櫃來的人》、楊德昌的《海灘的一天》，還有改編自黃春明小說的《兒子的大玩偶》，我躬逢其盛，不曾錯過其中的任何一部。

但也在那時候，我一方面接受台灣新電影的薰陶，另一方面也沉浸於盜版院線的「洗禮」。現在回想起來，當年專放國片的台中、東海等戲院，無疑是年少約會的場所；而從成人色情到動作、懸疑、推理、驚悚等劇情無所不包的「地下俱樂部」，卻是一個為我提供全新影視體驗的祕密基地。

我在「地下俱樂部」曾有過一次無比詼諧的觀影經驗。那回挑了片之後，前面的場子還沒結束，老闆特別「沙比士」詢問說：「今嘛放好康，要不要接著看？」我們當下二話不說點頭稱是。

進了放映室，摸黑在後頭找了兩張椅子坐下，隱約感覺得到今天是滿場。二十九吋的電視螢幕，正在播放妖精打架的畫面，突然前座沙發椅上有個小男孩身影攢動，只見有個中年男子出聲喝止，「你再亂動，就不要看！」他硬是將那個要起身的小頭給壓下來。

「天啊！這不適合兒童觀賞吧！」就在我心裡嘟囔時，又出現小女孩的聲音，隨後連歐巴桑也發言了。「這是怎麼一回事？」我有一種自己是不速之客的疑惑。

等影片結束，燈一打開，我瞠目結舌地看著這一幕：沙發上有四個人，看起來像是爸爸、媽媽帶著學齡前的哥哥妹妹，一旁要離開的歐吉桑、歐巴桑，如果不是三叔公、九嬸婆，就是厝邊頭尾的親朋好友，至於最年長的老婦，我猜那說不定是一家之主的阿嬤。

他們像電影散場一樣的男男女女，若無其事地離開。我和死黨兩人面面相覷，然後不約而同地發出讚嘆，「哇咧，這麼進步，全家一起看A片！」

那是我的文化街俱樂部，我最早的MTV經驗。在那裡，我遇見了大導演法蘭西斯・柯波拉的《鬥魚》，認識了麥特狄倫和黛安蓮恩，而尼可拉斯凱吉還只是一個客串演出的龍套角色。

至於無敵的青春，就像電影裡渴望自由的暹邏鬥魚，在黑白鏡頭的運轉下，伴隨著重機車輪的奔馳，一路駛向大海。

少年ㄟ金馬新樂園

阿成就坐在我後面，俯身將手中的2號電池挖空，然後裝入褐黑色粉末，那是他從一顆顆甩炮拆卸下來的微量火藥。教理化的導仔，正拿著粉筆自顧自地在黑板上疾書化學程式。我盡量不動聲色並且側著身子掩護他，以方便他繼續刨挖電池、裝填火藥。

化學講究實驗，課堂上說得再多，還不如親自操作一遍，阿成是這麼告訴我。其實，在導仔教硫、碳等化學元素的認識與運用，被問到關於火藥中的成分和引爆時，他可能作夢也沒想到會引發學生的好奇心？而父親是銀行員的阿成，就是那種與其坐而言不如起而行的人，他買了一堆電池和甩炮回家，開始研發土製炸彈的製作過程。

阿成很有研究精神，因為挖電池的緣故他把兩隻手搞得髒兮兮，在旁做技術指導的阿德，是典型的只出一張嘴，他突然一臉狐疑地問說，「這到底會不會爆炸？」「我也不知道，要不要試看看？」阿成似乎也很想知道答案，隨即推開窗戶往圍牆外的自由路扔過去，只聽見轟隆一聲的爆炸，好像連位在一街之隔的台中女中都聽得到。

在下課人聲鼎沸的十分鐘內，阿成竟然完成他人生第一次的土製炸彈實驗！我還記得當時同學們的表情，既興奮又緊張。突如其來的測試意外地成功，讓人有著一種完成壯舉的欣喜；但剛剛那個一聲巨響若引起路人關注，進而跑去報警，然後循線追到學校，豈不是就東窗事發？一股擔心闖禍的不安感跟著湧現。

但或許是車水馬龍的嘈雜聲遮掩了爆炸聲，我們當下的擔憂沒有成真。幾天後，阿成又陸續做了幾顆半成品，阿德見獵心喜，自動表示願意接手安裝鎢絲的後續工作，誰知道阿德另有所圖，他跑去住家頂樓連翻數棟民宅進行試爆，結果這回就出事了，聽說警察聞訊來調查，讓阿德嚇到皮皮剉，躲在家裡不敢出門。

這是國三那年發生的事，我那時就讀台中一所頗負盛名的明星國中，每天都有考不完的試，雖然升學壓力令人喘不過氣，但我的國中同學就是有辦法搞出一些名堂。不管是自我紓壓也好，還是反抗叛逆也罷，少年的冒險之旅從未停歇，像無頭蒼蠅般為苦悶的年輕生命頻頻找路。

我的死黨小傑就是其中一例，他老爸在地方法院當書記官，管得很嚴，不過他找路的功夫卻很了得。尤其是打彈珠台，小傑堪稱是箇中高手，有時他一站就半個鐘頭，怎麼樣打都死不了，一顆鋼珠在玻璃底下鏗鏗鏘鏘地流轉，計分顯示板叮叮噹噹響個不停，旁邊聚攏圍觀的人越來越多，小傑彷彿成了聚光燈下的彈珠鬼才。

不斷南征北討的鬼才後來轉戰電玩新寵打小蜜蜂，每天放學後，他必定先繞去電玩店報到苦練，如此勤學精神頗類似現在專做線上遊戲的電玩競技。當年的小傑總是要練到破了關，改寫每台機器的紀錄為止。儘管小蜜蜂也推陳出新，第二代、第三代相繼出現，但我從沒看過鬼才鬆懈過，他像努力拜師學藝的少林弟子，打遍學校周遭的十八銅人陣，直到勇闖蜂群的戰力已屆爐火純青的地步，再前進金馬遊藝場。

當年的金馬遊藝場是個武林，各路英雄好漢齊聚，如果要在那裡亮相，沒有三兩三，恐非易事。我說的不是那些喜歡電玩的慘綠少年，而是那些真正刺龍刺鳳的道上兄弟，因為金馬遊樂場的後台是地方派系，不僅政商關係好、人面廣，還得擺平各方勢力。至於背後金主，一說是七信的呂家，另一說是市公車的張派，但無論是誰，總有「喊水會結凍」的本領，畢竟想要插旗龐大的電玩利益，自古以來就是黑白兩道通吃。

民國六、七〇年代，鄰近台中公園的金馬遊藝場，是一個占地數百坪的遊樂旗艦，前後出口旁各有一座戲院，分別是聯美、豪華，兩家戲院首尾相連。要出入金馬，如果從聯美進、就從豪華出，反之亦然。當年聯美戲院的前身是聯美大歌廳，那個年代，中部地區流行邊吃牛排、邊看表演的歌廳秀，舉凡家庭聚會、公司招待或是親友、同事慶生，去聯美看秀儼然成為一種時髦的象徵。

不過，既是武林就有是非，金馬遊藝場因出入分子複雜，從幫派械鬥到學生打架滋事，時有所聞。但，儘管金馬成了禁地，可是奇幻的電玩吸引力實在迷人，不只小傑常和守株待兔的訓育組長捉迷藏，等到讀高中時，緊鄰金馬遊藝場的兩家戲院，更是我蹺課常去的場所。

印象中，電影院一直是我的成長教室，我在那方格裡找尋懵懂的少年情懷，咀嚼惆悵的青春滋味。甚至讀高三那年，我幾乎都泡在電影院，那時隨身帶著一本藍色的記事本，比現在手中的iPhone還要小，然後規定自己每看完一部影片就試著寫觀影心得，一整年下來，竟然記錄了超過五十部電影。

隨著年歲漸長，發現自己之所以喜歡電影，其實一定程度和春風少年時的找路有關。那是伴隨時光淘洗才慢慢淬鍊出來的人生體會，就像偶爾在老家成堆舊物中翻到的電影本事和票根一樣，在拭去塵埃而顯露斑駁的滄桑紙張裡，我看見一個十七歲的憂鬱少年，獨自坐在戲院的某個角落，享受空蕩的黑暗，也享受不斷翻轉的光亮。

若要問哪部電影印象最深刻，我會特別提及一九八二年發片的電影《失蹤》，那是根據真人真事改編的劇情片，以美國政府介入智利政變為題材，男女演員分別是傑克李蒙和西西史派克兩位硬底子的好萊塢明星。

那是我第一次感受到電影對政治的批判力道，想起父親常將「政治可怕」耳提面命的話語，片尾結束時，國家機器殺人的祕密被送入檔案局歸檔，從一個木箱緩緩地變成一間倉庫裝得滿滿的，多達幾百、上千個木箱，那樣令人震撼的畫面，至今還烙印在腦海裡。

對我而言，金馬遊藝場是我最初也最單純的一張青春唱片，在人生留聲機裡，我依稀還聽得見那個土製炸彈的爆裂聲，從國三那年往學校圍牆外扔擲的實驗開始，就不知不覺地引領我走向叛逆。然後，嗡嗡作響且成排大舉南下的小蜜蜂，以及一筆一畫寫下來的心情筆記，這些都是圍繞著金馬而轉的青春高低音。阿成考上成大工科，小傑去讀空軍官校，年少看似荒唐的生活經驗，好像都讓他們學以致用了。

我從沒有遺忘這些高低音，而且每每在午夜夢迴時想起這如歌般的旋律。

你是我的花朵

經過一夜折騰，感覺整個頭還隱隱作響，即使喝過一杯不加糖也不加奶精的黑咖啡之後，那種再熟悉不過的宿醉感依舊存在。我想起昨晚在KTV和劇團朋友的練歌畫面，一群人聽到音樂後像著了魔似的起乩，然後像我那個年代最夯的馬雷蒙舞蹈團的舞者，跟著節奏自動伴起舞來，動作整齊劃一，毫不拖泥帶水。

那是伍佰的招牌舞曲〈妳是我的花朵〉，從屏東來的「阿嬤」跳出來領頭，其他團員很有默契地逐一站在後面，在動感十足的樂聲伴隨下，伸出右手指向前方，先點左、後點右，畫個Z字後雙手交叉做波浪狀，再轉幾個圈圈。「喔～，妳是我的花朵，我要擁有妳，插在我心窩；喔～，妳是我的花朵，我要保護妳，一路都暢通。」伍佰的音樂很搖滾，酒精催化後的我也情不自禁地搖滾起來。

這晚我跟著一群年輕人在K房裡勁歌熱舞，電音天后謝金燕的〈練舞功〉像吹笛人一樣，唱著：「就是安奈，像剖西瓜，這呢簡單的問題；就是安奈，像放風吹，親像鳥隻自由飛。」長髮飄逸，長腿秀色，她又唱著：「青春短短，嘸免歹謝，腳步有進擱有退；裙穿短短，嘜想暇最，隨著音樂玲瓏旋。」一性感女神的召喚，讓我在迷濛中意識到了自己也曾有過的短短青春，一段有著約翰屈伏塔《周末夜狂熱》的舞曲記憶。

就像許多五年級生，讀高中時，我也參加過一場家庭式的舞會，地點在同學阿杰家裡，那是我的第一次舞會，也是我僅有的一次舞會經驗。那是一場頗為失敗的舞會，至少對我來說，嚴重到打擊我對「跳舞」的信心和興趣，從而望舞興嘆。

阿杰的舞技很好，他是那種從恰恰、探戈、吉魯巴到最流行的迪斯可都樣樣精通的超級舞棍，不過，決定辦舞會卻還是頭一遭，物資的調度、舞伴的找尋不免有些生澀。舞會場地是他家透天厝的加蓋頂樓，那是用石棉瓦搭建的房間，然後他不知從哪兒搬來一套進口的高級音響，為了怕出狀況，他

還準備一只大型的手提錄放音機，以備不時之需。

時正值盛夏，儘管舞會時間是晚上，但是頂樓空間仍顯得異常悶熱，阿杰在四周角落放置電風扇，不停地發出嘎啦嘎啦的聲響。燥熱的空氣中摻雜著黏濕的汗水與體味，一、二十個理著平頭的男孩和髮不過肩的女孩，像歌唱紅白大對抗裡的排列一樣，各自分站兩旁，要不就交頭接耳、竊竊私語，要不就耍性格或擺出瀟灑冷漠狀。

那年頭，高中生辦舞會是一大禁忌，因為學校教官和警方少年隊常搞些校外聯合督察的名堂，專抓學生涉足彈子房、冰果室或電玩遊樂場等所謂的「不良場所」，當年迪斯可大行其道，年輕人趨之若鶩的舞場也名列禁足之林。在那一天到晚被教官追趕跑跳碰的年代，多數高中生視參加舞會如畏途，台中女中、曉明等傳統的明星女校管得嚴，想邀她們參加簡直難如登天。退而求其次，只好找私立高職，我的高中同學小賴最常掛在嘴邊的是「找嘸在室，找落翅仔！」不過他是打嘴砲，永遠的思想犯，至少我從沒見他真的行動過。

可阿杰不一樣，天下無難事只怕有心人，他找念商職的馬子出馬，果然就招來好幾個女孩。就這樣，派對終於成局了。然而，光找舞伴已令人傷透腦筋，要湊足人數更談何容易。雖然相隔多年，但舞會登場那天的舞伴，我卻印象深刻，說好聽是環肥燕瘦、一應俱全，若要精確點，那是高、矮、胖、瘦等不一，還有戴眼鏡的書呆子，裙穿短短的小辣妹，以及「無從置評」的鄰家女孩。那個參差不齊卻活脫像選秀的荒謬場景，唯有後來當兵時同梯力邀的「鑰匙俱樂部」差可比擬。

一群自以為是的男孩，一票初見世面的女孩，就在頂樓齊聚一堂，在那看來有點閉塞、有點抱歉，甚至還有點難搞的氛圍中，平日愛拌嘴的死黨們突然面面相覷，不知該從何說。

阿杰和他馬子負責開舞，印象中那應是一首迪斯可曲風的熱舞。然而，那不是重點，重點在於這是我和我那狐群狗黨人生派對的初體驗，而我們事前演練多回要主動走過去，像個紳士般地邀請一個女孩子當舞伴。我的腦子一直想著這件事，耳畔轟隆轟隆地響著一個聲音，「誰是那個女孩呢？」

「你不跳嗎？」有個溫柔的聲音回應了，我抬起頭一看，竟然是一個女生，她來邀我跳舞。「啊！這下子穩死的，實在有夠漏氣。」我自忖，心頭暗暗吃了一驚，就在自己躊躇之際，竟殺出一個非常女主動出擊，讓我落到被女生邀請跳舞的地步，「這還是男子漢嗎？我還沒去選人，人家就先來選，等會一定被他們笑掉大牙！」同儕揶揄嘲諷的壓力瞬間湧上。

我忘了那個女生長得怎麼樣，對我而言，那一刻，她已成了宮崎駿動畫《神隱少女》的無臉男，只不過她是「無臉女」，像八爪章魚般向我襲來。「真知有影，哪有這種代誌！」望著無臉女，我沮喪至極，腳都麻了。

最終我沒有接受她的邀請，匆匆結束那個尷尬場面。對無臉女的邀舞，我根本語塞，不知道自己目光要往那裡放，然後轉身離開，像一隻鬥敗的公雞狼狽地逃開，至於那個派對，我當作是噩夢一場。

我下了樓，坐在門口的摩托車上點燃一根菸，看似故作鎮定實則驚魂未定，然後告訴自己，「你不是那塊料，因為你討厭在昏暗燈光下選舞伴的感覺。」我因而有了這樣的結論，「以後的人生一定要自己選擇，不能等著被選擇。」我像是在自我安慰，又彷彿是悟出了人生道理。從此以後，我對舞會敬謝不敏，從骨子裡認為那些熱中跑攤的舞棍，要不都很娘，要不就是跩得一副欠扁的模樣。總而言之，我痛恨跳舞。

多年後，我在初出茅廬跑地方新聞時，曾跟著前輩去台中小夜曲、白雪大舞廳，但我依舊不習慣跳舞這檔子事。後來到了台北，不管是去延平北路的黑美人，還是北投、礁溪的酒家，我總是晾在一旁，看著舞池裡跳著探戈的男男女女，如果有人問起，我的回答是：「關於跳舞，我天生資質駑鈍，沒有慧根。」

其實，我常常在想，我為何不喜歡跳舞？是否和十八歲那次不堪回首的初體驗有關？那是被無臉女驚嚇過度使然，還是拒絕舞伴邀約的創傷症候群所致？唉，假如時光可以穿越，而且那天放的曲子是伍佰的音樂，我會不會發現屬於自己的花朵呢？

阿美幾時辦嫁妝

已經過了快半個鐘頭，阿美還沒出來，我和志明、雄仔等候多時，漸顯不耐。歐巴桑護士在診療室裡忙進忙出，我從那半掩的門縫中看見阿美的清秀臉龐，一張失去光澤卻抿著嘴不服輸的容顏，飄蕩在有著藥水味的候診間裡。

幸好是傍晚時分，診所裡已沒有什麼人了，否則三個高中生跑來婦產科，而且還杵這麼久，肯定會被指指點點、議論一番。其實，要不是志明開口，我再怎麼樣也不會去找我那還在教學醫院當婦產科醫師的阿舅，透過他牽線來到這家位在成功路上的私人診所。

診所鄰近中華路夜市，方圓百米內有五洲、森玉、樂舞台等戲院，那是我經常蹺課溜去看張徹的武俠片和〇〇七系列電影的地方，此時遇見一間有日本味的診所棲身在這街衢巷弄裡，讓我有一種在武林中尋訪神醫的想像。我猜醫生應該是阿舅的學長，但願阿舅有江湖道義，不要跟媽媽通風報信，儘管這件事根本和我一點關係都沒有。

闖禍的是雄仔，他是志明的兒時玩伴，長得高大粗獷，在中興新村念省中。阿美則是雄仔的馬子，小兩口偷嚐禁果，不料竟然中了頭彩，專程從南投跑來台中找志明求援，然後志明又拉我一起想辦法。那時，我們都還在讀高一，關於墮胎，誰都沒有處理過的經驗。然而，當阿雄帶著一個賽德克族美少女現身時，我知道這已經是兄弟事了，不幫忙不行。

個頭瘦小卻黝黑結實的志明，用很江湖的語氣說：「錢不是問題，雄仔有準備。」他講的是廢話，大家湊錢能解決的事本來就不是問題，關鍵在於要找到願意接手的醫生。在那個民風保守的年代，幫人墮胎是違法的，更何況是替未成年少女墮胎，還得承受一定的道德壓力，這不是隨便找個開業的婦產科診所即可解決。

但志明很盧，我被他盧到後來，還是硬著頭皮找阿舅，接著阿舅像仙人指路般將約定的時間、地點告知我。就這樣，一女三男來到診所前，一間從外觀看起來有點歷史的婦產科診所。斑駁的窗櫺、灰黑的地板，初始我們還站在騎樓下觀望許久，直到我上門趨前怯生生地詢問，穿過檜木製的屏風，再走進充滿老派風格的候診間。

等阿美從診療室走出來之後，三個男生已無聊到呵欠連連了。阿美臉色雖然蒼白，卻顯露出一副滿不在乎的孤傲表情，志明好奇地問她，「醫生怎麼說？」只見她絲毫沒有剛結束一場生命奮戰後的虛弱，以一種戲謔的口吻說：「真是煩死了，他竟然問我，『外面那三個男孩，誰是妳男朋友？』我就回答他，隨便啦！都可以！」

「結果呢？」志明追問說。「他就愣在那裡，半天都接不上話。」阿美得意地笑了。

「哇，你怎麼這樣說？那我豈不是背黑鍋，這事怎麼和我有關呢？」志明急著辯解，「對啊！他真的以為我們也有份。」我也附和說。只見阿美杏眼一瞪，我們都跟著閉嘴。其實，我和雄仔完全不熟，如果不是志明拜託，哪會牽拖到我？但這小妮子夠嗆，想必將來一定是個愛恨分明的女人。

離開診所後，已是華燈初上，雄仔和阿美小兩口不再拌嘴，歡喜地牽手嚷著要去夜市大快朵頤。我和志明戴著大盤帽、揹起書包，跟在他們後頭晃啊晃的，彷彿路人甲、路人乙。

這是一九八一年夏天的記憶，早熟的青春如哭過的月色，那時的年輕像雨後飄飄落地的花蕊，而今我再回首阿美當年離去的儷影，竟有一種十七歲的生命何以如此世故的感嘆。

暑假過後，我和志明因志趣選擇不同而各奔東西，那個古靈精怪的阿美從此煙消雲散，不曾再見過面。倒是高二的英文課，迎來了另一個阿美，她從成大外文系畢業後到校任教不過短短數載，因為教學活潑、年輕熱情加上長相甜美，在學生之間人氣指數超高。「阿美」這個外號就是學長交接的，她看似身材嬌小，但走在校園裡卻有如一陣風，相較於上了年紀而且有著濃濃四川鄉音的國文教師，作風明快的阿美簡直成了鮮明的對照組。

那些年，流行民歌當紅，以〈雨中即景〉起家的歌手王夢麟有一首〈阿美阿美〉唱遍大街小巷，同學們即使搞不清楚阿美究竟有沒有男朋友，仍在一陣瞎起鬨當中決定為阿美點播這首歌，並且自以為是地計畫唱出阿美的「寂寞芳心」。

獻唱之日選在有英文課的午後，那天下課鐘響，阿美一如往昔，足蹬三吋高跟鞋，穿著一襲無袖的粉紅洋裝，從教師休息室離開，準備穿過校園裡一整排的大王椰子。阿榮發現後趕緊通報，隨即一群同學像聖誕節時報佳音的唱詩班，在三樓教室前的走廊排排站，有人先起了個音，然後對著樓下長髮飄逸的阿美高聲唱出：「阿美阿美幾時辦嫁妝，我急得快發狂；今天今天妳要老實講，我是否有希望……」

我們真是唱得很賣力，雖然五音不全但歌聲響亮，連隔壁班級的同學都圍過來看熱鬧。下課後的二中校園，人聲嘈雜，卻難掩從樓上傳來的混音大合唱，阿美像是聽見熟悉旋律般抬起頭往上瞧，回了一個開心、燦爛的笑容給那群把歌唱得離離落落的大男孩。我無從知道阿美老師當時的心情，可是我卻對同學們在走廊唱〈阿美阿美〉的搞笑畫面印象深刻，那帶著些許促狹的調皮歌聲，其實是一群少年在升學日子裡的苦悶解放。

雖然同學們唱得荒腔走板，但至少誠意十足，阿美隨後上課時嫣然一笑，沒有多談，她的淡定就像她從來不曾在課堂上疾言厲色一樣。阿美拿起高中英文選，要同學跟著她朗讀，而我還依稀記得那歌聲在耳邊迴盪：

「阿美阿美不要再徬徨，少女的青春短；今天今天妳不要倔強，快做我的新娘……」像一卷不斷重播的錄音帶。

這是我高中時遇到關於「阿美」的故事，後來死黨雞母的初戀女友，體育用品店老許的妹妹，好多個名字都叫「阿美」的女孩，都在我浪跡於冰果室、補習班和彈子房時出現過。她們就像電影《總鋪師》的「阿霞」一樣，曾經在青春歲月裡留下雪泥鴻爪，那些記憶深如刻痕，停格在生命的某個角落、某個位置，從未熄滅、消失。

手指虎與絕代雙驕

阿烈一臉疑惑地問我，「你額頭上的疤是不是被手指虎傷的？」

「什麼是手指虎？」我不解他的疑惑，因為阿烈提出一個我無法想像的玩意，而那玩意是會在我印堂上留下宛如十字星般的傷痕。有很長的一段時間，我將手指虎視為武俠小說裡才存在的攻擊武器，並且根據阿烈形容有如《牯嶺街少年殺人事件》翻版的劇情，在一場激烈的街頭火拚中留下象徵熱血義氣的印記。

雙眉上方的十字星，說來很像是布袋戲大反派「萬惡罪魁藏鏡人」的造型，在騰騰殺氣中帶著幾許滄桑悲情，每回出場時低吟藏頭詩：「藏龍臥虎今懦夫，鏡中罪容化成無，人情冷暖難回首，嘆留多少傷心事。」不知是否年少叛逆使然，那時的我，對「順我生、逆我亡」的藏鏡人情有獨鍾，反倒不愛忠孝節義的「雲州大儒俠」史豔文。

然而，我幾時有過那樣刀來劍去的經驗？阿烈口中的手指虎，讓我一度顯得飄飄然，幻想自己是混跡精武、十五神虎的叛幫小老么，帶著十字疤痕行走江湖，只要與人照面，萬惡罪魁的正字標記就能懾住對方。

可現實世界裡，我是這麼回答阿烈，「哪有啦！我小時候太調皮，爬到阿母刺膨紗的工作台，一不小心跌下來……。」阿烈聞言後仍不願置信，直覺地認為我在騙他，以為這打死不承認的背後，一定還有隱情。

就這樣，手指虎為我披上神祕的面紗，我將頭上的大盤帽壓低，遮掩了不輕易示人的十字傷疤，彷彿藏鏡人上身，甚至成了隨時都可能和人拔劍決鬥的三缺浪人。

當年的高中生活真是無賴派，尤其不想跟著教官的腳步走，有點像電影《蘿拉快跑》裡的女主角一樣，覺得自己無時無刻不在為了逃脫令人桎梏的制度框架，不停地向前跑。

為了避開乏味的朝會，我總是提前在中正路的七信合作社下車，公車站牌旁的巷子裡有一個專賣黨外雜誌的書報攤，然後再經過自由路的東海戲院，沿著騎樓漫步到台中公園，坐在涼亭裡看一群歐巴桑跳土風舞。那時坐在我身旁的，若不是還一臉睡眼惺忪的街友，就是提著公事包發呆的上班族，更遠一點，則是手持竹掃把的清潔隊員。那樣的清晨，那樣的公園，有一種偷得片刻任我遊的優閒。

七〇年代嬉皮風潮流行，即使當學生也很想在一成不變的制服上搞怪。卡其褲後面的口袋磨破了，抬出節省的理由請阿母縫補，但基於美觀，必須縫上一塊圓布，而且還要左右各一，講求對稱。心裡暗自盤算，原本已裁製成喇叭褲管的學生褲，也可以變得像時髦的牛仔褲，不過現在回想起來，那兩塊補丁簡直就像猴子的屁股。

手指虎少年的叛幫狂想曲持續發燒的結果，必然與主掌校園秩序的教官形成對立，甚至演出爾虞我詐的諜對諜。高二那年有一天，我和小朱在朝會結束後跑去高一教室堵人，誰知道教官老早就盯住了，正當我們才剛把一個看得不順眼的學弟叫出來訓話時，教官已經站在後面，二話不說就押著我們去訓導處。

這場「螳螂捕蟬、黃雀在後」的戲碼，令我們措手不及，暗譙在心。教官為了防止現行犯串供，還要我們一前一後不得對話，進入訓導處坐定後，隨即各發了一張六百字的稿紙，要我們交代來龍去脈，並且言明「坦白從寬」。

「這不就是自白書！如果寫了，穩死的。」第一堂的上課鐘響已敲，我望著格子心想若不設法脫困，記過處分肯定跑不掉，得趕緊搬救兵才行。所幸當年喜讀古龍小說《絕代雙驕》，對足智多謀、常能化險為夷的小魚兒心嚮往之。我因此心生一計，以尿急為由要求上廁所，教官不疑有他，遂同意「速去速回」。

離開訓導處之後，我立刻找尋三民主義老師，不過重點並非三民主義能拯救於水深火熱之中的我，而是他同時擔任學校裡的黨團書記。這個「黨」當然是指國民黨，那個年頭國民黨在高中皆設有校園支黨部，我雖然不是黨員，但國民黨澤被眾生，理應不會對我見死不救。

我總算在二樓教室找到老師，只見他操著濃濃的四川口音，在講堂上授課。我趨前大喊一聲：「報告老師，訓導處有要緊的事找您！」「什麼事這麼急啊！」「不知道，但就是請您趕緊過去一趟。」老師一樣不疑有他，示意同學先自習，待他「速去速回」。

一離開教室後，我快速地說明原委，只見他面帶微笑和藹地說，「呵，這種事交給我來處理。」「抱歉，給您添麻煩了」，我想起高一開學時和他初次見面的經過，那時他也是這樣的表情，令人如沐春風，「沒關係，不要忘了老師也年輕過！」跟著他走進訓導處，我發現原本老神在在的教官，臉色突然為之一變。

事情後來的發展是，經過書記的諄諄善誘，教官終於深明大義，放過兩個還有大好前途的年輕人一馬，自白書成了無關緊要的心得報告。三民主義果然博大精深，國民黨永遠與民眾站在一起，我和小朱都逃過一劫，唯一的遺憾是，我依舊沒有加入國民黨。

附帶一提的是《絕代雙驕》曾和教官狹路相逢，險些栽了跟斗。有一天放學，教官心血來潮抽查我那蓄著流蘇的書包，碰巧四本綠皮書封的《絕代雙驕》就在裡面，他對書包裡裡外外檢視兼叨念一番，誤將租書店統一製作的綠厚紙當作課本書封，竟沒察覺古大俠的藏身，讓小魚兒和花無缺安然過關，我也捏了一把冷汗。

不過，話說回來，高中三年，我從未見過阿烈口中的手指虎，直到我那豬屠口兄弟阿丁在宿舍的武器展示大觀，才見識了手指虎的廬山真面目。當時心想，如果真的被這玩意K到額頭，早就滿天金星了，哪來的十字星啊！

再會吧！52路公車

她住在三和村，一個緊鄰著成功嶺的老社區，沿著六米寬的便行巷一直走，穿過學田路接到論子巷，再左拐個彎，往前就可以看見一口水井，幾戶農家依著那口井圍繞而居，那兒就是外婆家。

那是我最初的童年記憶。隨著時代的變遷，外婆家的三合院已從年久失修走向拆除改建，雖然我感覺自己生命的初始，依稀還遺落在黃澄澄的曬穀場上，但卻總是找不到了，只能在午夜夢迴時相遇。

和她的第一次相遇，就是在即將告別青澀少年的時候。那年我讀高一，她讀專二，在52路的台中市公車（後來更名為台中客運）上，我們經常不期而遇，她清秀美麗的面龐卻有著一貫冷若冰霜的表情，像極了古墓派的小龍女，我的高中學長從她同學口中得知她有個外號「冰山美人」。

52路公車是從成功嶺發車，途中經過烏日兵工廠，剛開始為了一睹「冰山美人」的芳容，我會刻意等待52路，甚至還跳過發車點就在家門口的2路公車。那時讀《詩經》的「窈窕淑女、君子好逑」似懂非懂，只曉得對一切美好事物都充滿好奇，這當然也包括對美麗女子的愛慕，而沉重的升學壓力則老早被拋在腦後。

哪個少年不思春，每天在搖晃的公車上四目交會，久了總要開個口吧！我決定嘗試敲敲「冰山美人」的心扉，並且劍及履及展開行動。就跟時下的高中生一樣，打著邀約參加聖誕節的校慶園遊會為名，我向她發出邀請函，而且還是公車上的即時快遞。

信裡寫了哪些內容，我已忘得一乾二淨，唯一的印象是抄錄了一首校園民歌歌詞送給她。那是第一代民歌手朱介英唱的〈紙船〉，作詞者林鈴原先是發表在校刊上，寫的是她十八歲的獨白感慨，歌詞寫道：

一隻小小紙摺船　張滿著我落寞孤帆
行行復行行　行向遠方　遙遠的期盼

一隻小小紙摺船　載不動我沉重感傷
行行復行行　行向遠方　默默的飄蕩
日子是濕的　一層層一滴滴
濕透了船帆　卻濕不透我的希望
一隻小小紙摺船　摺著我深深的夢幻
行行復行行　漫漫天涯　紙摺的滄桑

這是我最早接觸的第一首民歌，地點就在外婆家的三合院，供奉祖宗牌位的正堂左邊廂房是大舅舅的臥室，我在成堆的黑膠唱片裡找到《中國民歌創作系列》。那是一個下雨天，從窗櫺往外望，屋簷下的水滴像緩慢的行板，叮叮咚咚，我聽得入神，竟將這個懵懂少年的音樂記憶一路帶在身邊。

她不僅沒有婉拒，還揪了同學欣然赴會。是不是〈紙船〉打動了「冰山美人」，我不清楚，但低迴歌聲漂泊著幾許滄桑的〈紙船〉，始終陪伴著年少的孤寂，直到三十年後的今天，我還記得歌詞和旋律，不時在起伏的人生感懷中哼唱。

52

我用六百字稿紙抄錄的〈紙船〉，讓我得以破冰而行，換來甜美燦爛的笑容。從此，坐52路公車變成了一種幸福的期待，不管是上學或放學，好像都在期待一個美好事物的到來。

然而，我的高中生活依舊叛逆如故，蹺課去彈子房、泡冰果室，每天花在武俠小說和新潮文庫的時間比讀教科書還要多。再美好的事物也無法紓解我的徬徨少年時，那不是「冰山美人」所能了解的苦悶，儘管她還是以一抹如三月桃李花開的笑顏迎人。

那個年代的52路公車是熱門路線，尤其是對四、五年級的男生而言，只要上過成功嶺受訓都得搭這路專線公車。每逢大專寒暑訓期間的國定假日，一早從營區發車後，更是班班客滿，傍晚自中正路鬧區回程的班車亦是如此，滿載著剛和情人、朋友分開卻又捨不得收假歸營的阿兵哥。

我和「冰山美人」的公車邂逅，整整維持了三年。雖然同車數載卻從未碰撞出火花，那像是一份恬淡的姊弟情，她會問我最近忙些什麼，學校有什麼新鮮事，但多半都是我天南地北閒扯一堆，她反倒是個安靜的聽眾。不過，對一個十七歲的男孩來說，公車上有位漂亮女孩願意傾聽你高談闊論，彷彿已是人生一大樂事了。

過些年，我離家北上求學，和「冰山美人」偶爾還有些書信往來，她自台中商專畢業不久即考上郵政特考，進了那個年代人人稱羨的郵局工作。有一年，她先告訴我談戀愛了，後來又接到她要結婚的消息，對象是那個在國軍醫院服務且交往多年的醫師男友。我笑說，「小姊姊，為什麼那麼年輕就要嫁人？」她自嘲說，「趁著年輕又是心愛的人，就早點嫁啊！」

那已是我在部隊服役時和她最親近的對話了。此後，隨著成家立業、結婚生子，那一段年輕時的生命交會與心靈相伴已漸行漸遠了。

退伍後進了新聞圈，我還曾按圖索驥找到光華商場的郵局去看她，那時商場邊的陸橋還沒拆，我們在舊書攤和古玉市集交錯的繁忙街頭碰面。「冰山美人」清麗的身影依舊，而我則是搖著筆桿的熱血青年，正迷惑在解嚴後眾聲喧嘩的台灣社會中。

站在櫃台前，她對我突如其來的造訪，顯得有點驚訝，但旋即恢復那令人熟悉的笑容。「沒有什麼事，只是想來問聲好。」我轉身告別要離開，她放下工作跟著走出來送到郵局門口。就此別過吧！我那家鄉的小姊姊。

再次重逢是好些年後，在人來人往的台北車站，她和先生、孩子們攜著大包小包的行李要返鄉過節。「真巧，我也要回台中」「嗯，這是我先生」「要回烏日嗎？」「不，爸媽都已搬離開三和村了。」已經是兩個孩子的媽，外表還是沒什麼變，但就在這月台上，我們彼此的人生都已經不同了。

走過人生的分岔點，我們在返鄉的月台邊短暫地重逢了。成功嶺的大專集訓不再辦理，家鄉的52路公車也跟著關閉了，我像一艘小小紙摺船，行行復行行，載著遙遠的期盼與深深的祝福，行向遠方，行向天涯。

老夏的山東老爹

幽暗的樓梯，稀微的賣場，在昏暗的空間裡亮著幾盞日光燈，那是我對中央市場地下街最初也是最後的畫面。中央市場隔壁的白雪大舞廳，恰巧與之形成鮮明對比，外頭是閃爍迷人的霓虹燈，旋轉門內不斷流竄出妖嬈哀怨的歌聲，和著音樂節拍、搖晃舞步，那是我揹著書包穿越有泊車小弟待命的走廊時唯一的想像。

白雪大舞廳從美軍駐台時就開始營業，是台中至今唯一還領有舞廳牌照的老店。我剛出社會在台中跑新聞時，曾跟著老鳥去「白雪」見識，但我根本不會跳交際舞，坐在沙發上活像個二愣子，這讓我想起讀高中時爆發十大槍擊通緝要犯「美國博」[1]殺警事件，當年他的女友就是白雪大舞廳的紅牌。

然而，我真正懷念的不是五權路上的白雪大舞廳，而是每回開車經過的中央市場，因為我總是想起老夏的父親，他那鎮日埋首在堆積如山的牛仔褲的佝僂身影，一直深藏在我的記憶裡。對我而言，那是我認識的第一個外省老爹印象，也是我最早接觸「芋仔加番薯」的人生經驗。

老夏是我的國中死黨，我們在自由路上那所沒有操場的明星國中同窗三年，他是成績永遠名列前茅的高材生，我則是在前段班裡載浮載沉的平庸之輩。老夏的父親是山東樂陵人，民國三十八年之後跟隨國府遷台，因媒妁之言和來自雲林虎尾的母親結婚。

隻身來台的外省男子娶窮困鄉下的年輕女孩是當年常見的婚姻組合，不過，老夏的父母無論是個性或外表都呈現鮮明的對比，記憶中，夏爸爸個頭瘦小，內向沉默寡言，夏媽媽則是身材高大，外向開朗健談。他們兩個人偶爾會拌嘴，但多數時候，我看到的夏爸爸是背負著人生滄桑和時代憂傷，他經常獨自一人看京劇、喝高粱。老夏告訴我，「父親身子很硬朗，每餐一杯高粱是他唯一的嗜好」，而這個生活習慣持續到八十幾歲離開人世。

對於死黨的追憶，我曾有一種鄉愁滿杯的感懷。少小離家從軍，歷經不斷流離遷徙的部隊生活，最後才落腳台中，我孩提時不解本省人的歷史悲情，對外省人的顛沛生命也似懂非懂，但卻隱約能感受到那老人啜飲烈酒、尋求慰藉的孤寂心境。

那時的中央市場專做平價牛仔褲的批發生意，我的第一件牛仔褲「Bigstone」就是在那裡買的。此後，我們一家人的牛仔褲都是跟夏爸爸、夏媽媽交關。這也讓兩個背景南轅北轍的家庭有些熟絡，我和老夏不僅談得來，也還有著像哥兒們般的患難交情，而且是可以好到為了解決兄弟的疑難雜症赴湯蹈火、在所不惜。

讀國三那年，老夏就曾掩護我，只是出師未捷，很快陣亡了。

那時十六歲的我，正值青少年叛逆階段，有一天和家人吵架而負氣離家，簡單地打包好隨身衣物，揹起書包、牽著鐵馬，準備出門要去流浪。小我一歲的大弟見狀紅著眼眶攔阻說：「哥，不要這樣嘛！」可我那目不識丁的阿嬤，卻不動聲色，緩緩地走到門口，然後語重心長地告訴她的長孫：「人生啊！一枝草一點露，你永遠要記得，天無絕人之路，擱再怎麼樣艱苦，都不要放棄！」

帶著阿嬤的叮嚀，我揮一揮衣袖，從烏日老家出發，沿著兩旁都是農田的縣道拚命地騎向台中市區。現在回想當時的情境，天地蒼茫，少年徬徨的心像風中棉絮，隨風飄蕩，不知該飄向何方。這段途經南屯的黎明路我是再熟悉不過了，市公車11路專走此路線，以前阿嬤住南屯消防隊附近的工廠時，常搭11路到烏日三民街的鴻源診所看醫生，我偶爾還得充當拿牌等掛號的跑腿小弟。

然而，十六歲的逃家男孩像如來佛掌下的美猴王，還能去哪？我打電話給老夏，告知今晚想去他家裡借住一宿，死黨沒有多說什麼，一口就答應。

但看見我提著行李，夏爸爸早就覺得事有蹊蹺，他操著山東腔說道，「孩子，你來，我們很歡迎，給家裡打個電話報平安吧！」「喔，剛剛已經打過了」，老夏敷衍地應答。我在房間側耳聽見他們父子倆的對話，心裡忐忑不安。

「喔，那換我來打好了，跟張爸爸、張媽媽說一聲，人家也比較放心。」他的話語甫落，我當下心頭一驚，面對這個突如其來的查核行動，暗忖「這下子要穿幫了」，無可奈何之下，我決定賭運氣，硬著頭皮胡亂給了一組和家裡僅相差一個號碼的電話號碼。夏爸爸還真的鍥而不捨，當場撥起電話，幸好天公疼憨人，話筒另一端都在忙線中，他一連打了幾回都撥不通，最後放棄了。

隔天一大早，父親的電話還是打到夏家來，迷途羔羊很快被找到了。聽說爸媽折騰了一整晚都沒睡，到處在找孩子，兩邊家長究竟說了些什麼，我毫無所悉，但回家後，爸媽什麼也沒說，我人生第一次而且是僅有的一次逃家紀錄，就這樣草草落幕，完全沒有《頑童歷險記》中那樣緊張刺激的精彩細節。

那是我的少年逃家記，一齣單車流浪到台中的荒謬劇。

不過，比我更荒謬的是大我幾歲的屘叔，當時也是年少輕狂，還在中華路夜市闖了禍，他和工廠的阿興被仇家給堵了，對方兄弟拿著武士刀追殺，一連打翻了好幾張桌子。或許，真的是一枝草一點露，開過聯結車、當過救生員的屘叔，什麼苦差事都做，如今人過了中年後卻倒吃甘蔗，漸走老運。至於我逃家不成，考上了省中後依然匪類，但阿嬤的金言玉語始終放在心裡，既不敢耍流氓，也沒膽混幫派，最終還靠著搖筆桿維生。

夏爸爸呢？高中畢業後，一群結拜各奔東西，彼此已很少碰到面。最後一次看見他老人家，已是在殯儀館的告別式。在北屯開了一家牙醫診所的老夏，談到自己的父親，獨自從山東一路漂泊到台灣，終身忙碌也沒有什麼偉大成就，但凡事就求一個心安理得。

老夏說得雲淡風輕，我沒有跟他回憶國三那年的蹺家往事，但我真心感謝他山東老爹的寬容，沒有揭穿叛逆少年的難言之隱，讓孩子和父母之間還保有絲縷羈絆，並且牢記「一枝草一點露，天無絕人之路」的阿嬤遺訓，直到今天。

1 「美國博」：一九八〇年代名列十大槍擊要犯林博文的綽號，民國七十三年被警方圍捕時，開槍擊斃台中縣刑警隊長洪旭，震驚社會。

宛如流星般的北半球

How can I tell her about you
Girl please tell me what to do
Everything seems right whenever I'm with you
So girl, won't you tell me
How to tell her about you

Lobo, *How can I tell her*

每回假日經過龍山寺地下街，我總是刻意避開那些聲嘶力竭、震耳欲聾的搖滾樂，不是怕吵鬧，也不是心已老。相反地，我對洋溢著青春熱血的樂團是充滿好奇的，不過，我卻選擇信步走過，離開捷運站。而我這麼做，只是因為怕碰觸一個音樂記憶，那僅僅燃燒一個冬天後就消逝無蹤的「北半球」。

我曾經搞過樂團，「北半球」就是樂團名稱。之所以取這個名字，也沒有什麼多深奧的學問，泰半就是因為住在北半球的緣故。但嚴格地說，我並不是樂團成員，比較像是一個經紀人，或者類似日本高校野球隊的管理一樣。雖然從沒學會一項樂器，卻懂得行銷宣傳，還兼做場邊講評。

當時那樣的角色應該叫「樂團公關」吧！負責對外交涉，洽談演出相關事宜。但若要說，只是出一張嘴，也不為過。

故事源頭得追溯至高二升高三那年暑假，我跟著死黨跑去和愛玩Band的朋友湊熱鬧，後來陰錯陽差地組了一支搖滾樂團，還煞有其事地想要粉墨登台。那個被我命名為「北半球」卻如櫻花瞬間開落般的樂團，不僅搖滾過我青澀的高中生活，也搖滾了我日後不斷湧現的西洋老歌旋律。

一九八二年的夏天，北半球搖滾樂團在台中市建成路上一家樂器行的地下室成軍。剛開始是幾個高中生單純地自彈自唱，隨著音符的躍動和樂聲的召喚，揪人組團迅速成形，各路好手像日劇《醫龍》團隊一樣相繼到位。但究竟是怎麼湊齊的，我那群死黨十嘴九尻川，眾說紛紜，也沒有人能講出個譜來。

這個樂團核心成員有四人，吉他手是讀台中高工的But，鼓手是台中二中的阿昇，貝斯手是台中一中的老夏，鍵盤手兼主唱是明道中學的施仔。當中，最搞怪的是But，他經常騎著一輛改裝的本田風神機車，既騷包又臭屁，而且凡事都愛拿「but」的口頭禪攪和，每每成了練團時的亂場分子。

當年北半球樂團的代表作是灰狼Lobo[1]的*How can I tell her*，一九七三年在全美國流行音樂榜排名二十二的單曲，這首旋律動人的抒情曲，因為是樂團練唱的第一首歌，自然而然地也成了招牌歌。不過，唱歸唱，當時幾個情竇未開的毛頭小子，哪能體會Lobo這首紅透半邊天的情歌，唱出了天下男人不知如何抉擇愛情的心聲！

一整個夏天，樂團就窩在地下室彈唱敲打，自娛娛人。十年磨一劍，最終也得去外頭見世面。這個工作理所當然要交給「樂團公關」，但我其實也早已忘了怎麼接的頭，總之，北半球樂團正式出團了，而且演出地點還是當年台中的百貨龍頭——遠東百貨公司。

三十年前的遠東百貨，位在繁華鬧區，不但是中部地區的消費中心，也是遠百全國連鎖分店中最賺錢的。每逢成功嶺大專兵暑訓期間的假日，遠東百貨與緊鄰的綜合大樓，更是擠滿一堆身著草綠服的大專寶寶，和趕來探親的家屬、女友，人山人海，將自由路、中正路一帶的市區擠得水洩不通，風光得很。

那年的十月十日是台中遠百開業週年慶，幾年前從大火中重生的遠東百貨，或許因為企劃部門想要走年輕化路線，竟接受了一個完全由高中生組成的熱門樂團，在他們那裡擺攤賣藝。我記得百貨公司的美編特地為「北半球搖滾樂團」設計宣傳海報，就張貼在大門口，和櫥窗內的模特兒並肩，極為醒目。演出場地則在家電區專櫃的通道旁，宣傳人員劃出專區，還用保麗龍製造一個地球模型，標示出台灣在北半球位置，並豎立在舞台背後。

那一天，樂團一行人齊聚台中遠百，帶著忐忑不安的心情上場，第一首曲子唱的就是*How can I tell her*。當琴聲響起，主唱緩緩地唱出「She knows when I’m lonesome. She cries when I’m sad...」時，站在底下的我有著一種莫名的感動，彷彿這一切都不是真的。幾個月前，我們還在樂器行裡的練習室摸索吶！既沒有仙人指路，也從無公開亮相的機會，更不要說開演唱會如此天大地大的事。

然而，我們是真實地存在著，儘管那首歌的演出有點緊張，就連簡單的音樂伴奏都免不了走音，但就是這麼開唱了。

平常一副吊兒郎當的模樣，彈起吉他不可一世的But，那天額頭上汗水不斷滲出，有如大珠小珠落玉盤的狼狽。在後頭敲鑼打鼓的阿昇，也沒有往日練習時的氣定神閒，一張表情嚴肅的撲克臉，好像他馬子跟人家跑了。然後，講好的和音也顯得有氣無力，一點feeling都沒有。

「靠北，大家都中煞了！」就好像先發首局投不進好球帶一樣，大家都太緊張了，即使是我也越聽越窘、越站越遠，一副化身路人甲的緘默。百貨公司裡人來人往，幾個大男生自彈自唱，有人駐足聆聽，有人視而不見，但硬著頭皮，就這樣一首接一首，尤其是在投機者樂團（The Ventures）[2]的串場音樂（*Pipeline*，布袋戲打鬥中經常出現的配樂）之後，逐漸唱出自己的節奏，找回在地下室練習的熟悉感。

「這不過是一場練習罷了！」就在那一刻，每個團員隱約都能體會到

「為何而唱」的感受，這真的是一場既不為顧客、也不為百貨公司、只為自己喜歡唱而唱的樂團聚會。

樂團初試啼聲，但並沒有一鳴驚人，至少唱罷之後就和台中遠百「莎喲哪啦」，而我們唯一的報酬就是盡情地唱了一整晚。

後來，北半球搖滾樂團再度登場，已是年底的事。

我們應邀出席在台中高工舉辦的校園演唱會，而且因為是搖滾樂團之故，被安排壓軸演出，以炒熱氣氛。一九八二年有一首蟬聯六週冠軍的搖滾經典*Eye of the Tiger*，主唱是流行搖滾勁旅生存者樂團（Survivor）[3]，樂團就以這首令人血脈賁張的搖滾新歌作為謝幕曲。

那晚在高工大禮堂，擠了滿坑滿谷的人潮。熱血沸騰的搖滾樂，像彩色的炸彈般炸開沉沉的生命枷鎖，用力燃燒無敵青春。回到老巢的But使勁耍帥，施仔的雙手在鍵盤上飛快來去，貝斯手老夏也專注地撥動琴弦，歌聲唱到「And he's watchin' us all with the eye of the tiger……」

阿昇突然將鼓棒往自己的上空拋去，那是他從沒有做過的動作，我睜大眼睛注視這一幕：鼓棒像在飛行中搖晃的蹺蹺板，然後嘩啦嘩啦地往下掉落，只見他仰頭伸手迅速從空中抓住，奮力敲下最後的告別。

過了一個新年，為了應付即將到來的大學聯考，樂團成員分道揚鑣，不再聚首。那年冬天，北半球搖滾樂團像劃過天際的流星，消失在我徬徨的十七歲青春。

1 灰狼 Lobo：本名 Roland Kent LaVoie，生於一九四三年，美國民謠歌手，也是二十世紀七〇至八〇年代，風靡歐亞各國的音樂人物。

2 投機者樂團（The Ventures）：成立於一九五八年的美國電音搖滾樂團，一九六五年起長期於日本發展，對日本歌壇帶來革命性影響，也為台灣流行音樂注入活力，連野台布袋戲都以他們的歌曲做串場音樂。

3 生存者樂團（Survivor）：成立於一九七七年的美國樂團，因演唱席維斯史特龍主演電影《洛基 3》的主題曲*Eye of the Tiger*而聞名全球。

阮爸是第一市仔馬沙

初夏午後的蟬聲綿綿不絕，時而掩地低鳴，時而震天價響，此起彼落，忽遠忽近，交錯在農學院的走廊上。我站在教室門外，望著庭園裡的小水塘發愣，突然想起番仔火和小徐一段無厘頭的對話。

「我剛剛看到一隻貓走過去，好肥的貓啊！」小徐像是發現新大陸般的大呼小叫，彷彿目擊那隻「胖貓」是今天最令人驚奇的事。

「你看錯了，那是一隻狗啦！」同時間撞見的番仔火，劈頭就澆他一盆冷水。

「我說是貓啦！」「不對，是狗啦！」兩個大男生當場爭辯起來，為了究竟是貓還是狗而掀起口水戰。

「啊！連這個也要鬥嘴鼓。」我有一種哭笑不得的感覺。

最後，他們決定在原地等牠現身，看看從草叢堆裡走出來的「答案」。小徐眼中的「胖貓」終於露臉了，但那根本就長得一副狗臉狗身材，怎麼看都不能錯把狗仔當貓仔。我心想，「這勝負已定了吧！」

可小徐仍不認輸，驚呼：「哇咧！怎麼會有一隻狗型的貓！」

那是六月的畢業季節，學校課程老早結束了，一群死黨群聚在興大農經系，名義上是K書，實際上卻是打混。校園旁的自助餐、機車店、冰果室和彈子房，都是再熟悉不過的打混據點。

然而，就像那段窮極無聊下的狗臉對話，幾個高三應屆畢業生在農經系閒來晃去，飄蕩的心情宛如侯導掌鏡的《風櫃來的人》。

出身公教家庭的小徐，騎著一輛改裝的DT越野車，後座穿著短裙的年輕美眉像走馬燈，經常一個換過一個；來自彰化海線的雞母，總是在撞球間過著「一桿定輸贏」的生活，誰會料到他後來真的敲進了土壤系。

好勝心強的高兄，最引以為傲的代表作是翻過雙十路旁的神學院圍牆，摸黑穿越一大片草坪，躲過夜間巡邏的警車；老家在北港的李達，則幹了一件自認「光復大陸」的成就，他半夜裡將橡皮艇偷運至中興湖，然後再划到這座以「秋海棠」地圖為本的人工湖中央，登上蘭州島撒了一泡尿，以示到此一遊。

彈子房裡的計分小妹，歐兜邁上的追風少年，那些窩在農經系K書的荒唐歲月是焦慮苦悶又充滿虛無。直到有一天，在嬉戲青春中不斷流轉的人生旋律，才徹底地被一個突如其來的「高音」給改變了。

而「高音」之所以出現，源自一場未曾預料到的原子撞擊。

那天的天氣頗為炎熱，不是趴在課桌上打盹，就是坐著發呆，反正大家都無心書本，教室裡一副懶洋洋的氛圍。此時，有人匆忙地跑來通報，一臉驚慌地說他弟弟今天在畢業典禮被堵，對方還追到這裡來了。

「幹，欺人太甚，咱們也撂人去看看！」這下子，大家精神都來了，既然對方侵門踏戶，那麼「輸人不輸陣，輸陣歹看面」，當下決定正面迎擊。

十來個少年一路大搖大擺地走在興大校園裡，論人數，我們還不到對方一半，但比漢草，高三和國三畢竟是不同級數。我和高兒分別領軍，盯著迎面而來的對手，很有默契地丟下一句「等會，先抓帶頭的！」

這是「擒賊先擒王」的戰術運用，而且掌握第一時間發動攻勢，也能收到奇襲之效。待雙方人馬緩緩接近，我軍雙箭頭彼此心照不宣地鎖定狙擊對象，隨即一個箭步衝向前去，兩人二話不說，拎住領子一陣狂搥猛踢，將左右兩個領頭少年仔打趴在地上。

一旁同行的國中生都嚇傻了，完全不知道該怎麼辦。我認為該盡速清理戰場，並對這些不知天高地厚的毛頭小子來個機會教育，立刻吆喝說，「都給我靠過來！」

「你們這些猴死囝仔不知死活，以為出來社會那麼好混？要比輸贏，不是用拳頭來決定！」我握拳往地面用力一擊，以前輩的口吻教訓說，「你們都還細漢，回學校去好好讀冊，不要再打架了！」

一群孩子低頭圍著聽訓，有人緘默不語，也有人嚇得啜泣，我想得見好就收了，以仲裁者身分說道：「今日代誌到這裡為止，不要再想報仇，有什麼誤會就算了，大家認為怎麼樣？」

「若換做是我，絕對不可能就這樣算了！」一個帶著挑釁味道的聲音，從人群中冒了出來。

「有人有意見喔！」我循聲瞧了一眼，嗆聲的是矮個子，他身高大概只有一百五十多公分，雙手環抱，站出三七步，以一種不屑的眼神注視著我。

「看起來你很不爽，請問你是混哪裡？」辣椒雖小，如果夠辣也會嗆人，我轉身試探他的虛實。

「哼，你可以去第一市場探聽看嘛，阮爸叫『馬沙』，第一市仔的馬沙，無人不相識！」矮個子講話，好像從鼻孔裡發出來，他亮出老爸的江湖字號，以為能震懾住我們這些大哥哥。

我哪認得什麼第一市仔的馬沙，真要聽過，也只有演出黑幫電影《錯誤的第一步》裡的馬沙，那是七〇年代一部以黑社會為題材的寫實電影，劇中主角馬沙好勇鬥狠、作奸犯科，最後落得鋃鐺入獄，演的就是他自己的人生故事。

馬沙一炮而紅，後來當老大的好像都要叫「馬沙」，搞得馬沙大仔滿街跑。

「你的意思是你爸是大尾流氓囉！那正好，阮爸是在一分局刑事組吃頭路，你回家跟你爸說，有空到刑事組來泡茶開講啦！」我毫不假思索地編了一個對照組的謊言，企圖唬弄小辣椒。

「喔，你爸是賊頭！」原本趾高氣揚的矮個子，語調急轉直下，悻悻然地應答。

人們常說「上司管下司、鋤頭管畚箕、芋頭管番薯」，再怎麼樣，「警察管流氓」的食物鏈，這個天經地義的道理，矮個子是明瞭的。

本來事情到這裡是要落幕了，誰知道有人跑去通風報信，指興大校園發生青少年鬥毆事件，聞訊而來的校警遠遠地就吹著哨子要抓人。這時候，哪管得了什麼吹牛比賽，大家一哄而散，拔腿就跑。

聽說有人腿短跑得慢，被校警連同附近派出所員警抓去問話，而我雖逃過一劫，卻倒是從此跟興大農經系說再見，而且義無反顧，頭也不回。

這就是那個戛然而止的高音，因為我不想最後被找去刑事組泡茶的是我老爸！

那年夏天在梨山

滾燙的太陽高高掛，讓七月的干城車站親像熱天火燒埔。嚼著檳榔的野雞車運將不斷來回地吆喝攬客，不過與其說他是老練世故的船伕，還不如說他是個機敏銳利的獵人，嗅得到獵物找路的味道。

「少年仔，你去叨位？」我揹著行李杵在一旁，聽由結拜趨前和他議價，三言兩語之後，運將向我們招手示意，轉身走向一輛二千ＣＣ的裕隆柴油車。

黑頭車，早已升火待發，車上還有其他乘客，我們跟著進入前座。連同司機在內，小小的車廂擠了七個人，前三後四，雖然明顯超載，但我根本無暇理會，因為隨後車子在中橫一路狂飆的驚悚感，完全讓我忘卻了擁擠難耐的滋味。

這是我梨山行最初的記憶。那一年，我十八歲。儘管大學聯考還沒放榜，但鐵定名落孫山的命運，逼著我想要逃離家園，為壓抑的青春找尋一個可以自由喘息的空間。

就這樣，我逃到梨山。

抵達梨山賓館時，前來迎接的是結拜番仔火。我還記得那天午後的山色蓊鬱，有著朗朗晴空相伴，讓幾個高中畢業生將聯考失意抛在腦後，如願離家的大男孩沿著加油站步行前往落腳處，開心地討論即將到來的山上人生。

「這裡不是像你們想的那個樣子！」番仔火當頭澆了冷水，他以賢拜的語調簡介每天的作息：一早起床用過餐後，八點要上工，中午在外地，下午回來約六點半開飯，晚間輪流盥洗，九點多就會讓你累得想上床睡覺。

「喔，還有打掃廁所、倒垃圾，也是我們的工作。」

「是啊！我們是上山來打工，又不是來度假、當少爺。」一眾人收起玩心，認命地回到現實。

二十九年前的梨山加油站底下，有個專門承攬興建鐵皮屋生意的張老闆，當地人都喚他「阿燈」，我和一群死黨決定揮別慘綠年少，趁著暑假自力更生，經由朋友引薦，結伴上山去應徵，阿燈看我們年輕力壯，當下就點頭「收容」。

然而，阿燈那裡不是梁山泊，我們也不是什麼英雄好漢，山上生活講紀律，即使是打工，也不能沒了規矩。睡大通鋪，吃大鍋飯，日出而作，日落而息，從架設鐵柱、燒焊門窗到鋪設石棉瓦，任何和搭建工寮有關的活都得做，不會就跟著學。

說起我們的頭家阿燈，他是南投埔里人，剛從軍中退伍，以前不知他的來歷，後來聽說他曾是特勤人員，因為不習慣軍旅，很早就辦退伍，辭別故里，帶著妻小翻山越嶺，來到梨山開疆闢土。

那時候的阿燈，白手起家，什麼差事都兼著做。我還記得他家裡掛著「中國時報發行辦事處」的招牌，還兼送《聯合報》、《新生報》、《中央日報》、《台灣時報》等各大報，等於是梨山地區派報中心。

不知是否命中注定，九年後，我竟成了中國時報的記者。

記憶中的阿燈，很像好萊塢老牌影星「瘦皮猴」法蘭克辛納屈，長得黝黑削瘦，但做起事來幹勁十足，他沒有什麼頭家架子，對待員工不嚴厲也很有耐心。比方說，總是有人永遠搞不清楚他用日語發音的扳手、老虎鉗和螺絲起子，可阿燈絕不會扳起臉，更不要說把鉗子砸到你面前。

不過，對我而言，勞其筋骨的山中歲月，唯一不敢領教的就數輪班清掃廁所。

阿燈的家，緊鄰著加油站旁蓋成階梯形疊落，那是他的株式會社，也是我們的寮，公用廁所採蹲式馬桶，但因陋就簡，沒有完整的排泄系統，往下瞧空空蕩蕩，不管是一洩千里或是環繞成丘，一概盡收眼底。入內打掃，臭氣沖天，必得運功以對，屏息快速完成。

在梨山搭鐵棚，讓我像個天天汗流浹背的勞動者，有些年紀與我們相仿的黑手師傅，老愛和我們幾個不過多念幾年書的讀冊囝仔抬槓。我們的對話經常有類似這樣戲謔的台詞，「你在山上做什麼？」「啊叨吃頭家，睡頭家娘ㄟ厝！」

我的梨山打工記曾歷經絕處逢生的驚險。有一回，番仔火的國中同窗帶著馬子上梨山遊玩，他鄉遇故知，當晚就在「天山小吃」設宴招待，三五好友，幾杯黃湯下肚，豪情壯志油然而生，誰知後來大難臨頭。

那天夜裡打道回府，我雖已微醺，仍堅持將野狼騎回宿舍。詎料半途忽然下起滂沱大雨，遮去道路的分隔線，我緊握機車把手，為避免滑落山腳下，只能朝著山壁方向騎去……。

被番仔火發現的時候，據他形容，野狼的前輪卡在排水溝動彈不得，而我試圖抬起機車龍頭，嘴裡喃喃自語地說，「怎麼拉不起來？」事後，番仔火簡單地下了一個結論，他告訴我，「你真是命大！」

當年的梨山，中橫公路還暢通無阻，很多人跑到武陵栽種高冷蔬果。為了因應務農的客戶所需，有一天我們專程前往武陵搭建工寮。一大清早進去，從挖洞、埋樁、灌泥到架梁、鋪瓦，直到日落後才收工。

回程時，已是月上林梢，一票曾拿香對拜的結拜兄弟，都在阿燈那輛三點五噸貨車後斗。有人雙手環抱閉目沉思，也有人依著車板緘默不語，還有人站立抓著橫杆，感受迎面而來的夜風。

那當下的畫面有若美國電視影集《勇士們》的寫照，一群剛結束攻堅任務的戰士，疲憊地坐在正要返回指揮所的運兵車。

原本疾駛的貨車突然緩緩地停了下來，只見蜿蜒的公路上亮起一條長長的車陣，一輛又一輛趕著要出貨的運菜卡車，將前方回家的路給堵住了。

就在此時，一直沉默的番仔火突然唱起了齊豫的〈答案〉，一首屬於我們那個年代的流浪之歌：「天上的星星為何，像人群一般的擁擠；地上的人們為何，又像星星一樣的疏遠。」他昂首對著天空，唱得很賣力，歌聲劃過暗夜，也劃入我心深處。

那一刻，我有一種說不出口的思念、惆悵與落寞。

多年後，中橫已斷，去梨山的路更遠了。但記憶是路，帶著我回到一個群山圍繞的地方。那裡的山是如此的近，好像伸手可觸及；而那裡的山又是如此的遠，彷彿在雲深不知處。

我從沒忘記，那年的夏天，我在山的懷抱裡，聽我那結拜兄弟引吭高歌，帶著些許傷悲的歌聲，在山谷中迴盪……。

杉林溪十二轉

帶著幾分酒意的阿華說，「兄弟，你一定要跟我走一趟烏茲別克，看我怎麼在那裡闖蕩！」大年初三，當著主人家番仔火面前，華仔意氣風發地述說如遊牧民族般的台商生活，在座的還有開牙醫診所的老夏和拍商業攝影的李達，時光彷彿又重回到三十年前。

這一幕總是讓我想起「無線五虎」，就像高中籌組的北半球搖滾樂團也有那麼些許「溫拿五虎」的影子。八〇年代的台灣，滿街都是錄影帶出租店，鄭少秋主演的《楚留香》風靡大街小巷，一齣又一齣港劇跟著登陸，那時香港TVB力捧的「無線五虎」劉德華、梁朝偉、湯鎮業、苗僑偉、黃日華都剛出道，我經常將他們和身旁的死黨做聯想。

好比說，理著一個平頭的阿華，長得很像黃日華，簡直是金庸小說《天龍八部》裡的虛竹化身。身材瘦高的老夏則像是劉德華翻版，後來他去念醫學院，有一年在ＫＴＶ聽他唱華仔的〈忘情水〉，竟有幾分神似。

就在那些年，香港的娛樂文化悄悄地滲入我的青春。其實，應該說更早之前，我兒時的電影經驗根本是籠罩在邵氏公司的武俠世界裡，一如現在孩子著迷的迪士尼、夢工廠。那時除了曾跟著爸媽進城去台中戲院看《英烈千秋》之外，真正令我著迷的還是東海、五洲等戲院放映的武俠片，張徹導演、狄龍、姜大衛、陳觀泰和傅聲主演的電影海報就張貼在小吃店的牆壁上，經常讓吃著台中肉圓的我看得入神。

忠肝義膽、飛簷走壁的武俠電影，不僅支撐了我從少年展讀《七俠五義》即開始編織的歃血之夢，也構築了自十八歲就潛移默化的江湖人生觀。

我的高中死黨大抵是循著這樣的情義軌跡，然後拉幫結派地串聯而成。阿華是番仔火的國中同學，而番仔火讀省中的同學老夏則是我的國中同窗，以這幾個人為核心的同心圓往外畫圈圈，念二中有住北屯的高兄和阿杰，鹿谷阿三、彰化鍾仔、和美雞母是一中，外加念中正預校的小傑和台中高工的But。

一九八三年的暑假，我和這一群剛從聯考枷鎖中解放的高中死黨，呼朋引伴地展開一趟機車之旅。整個車隊有偉士牌，也有野狼一二五，但當中就數But的愛車最騷包，那輛經過改裝後的本田「風神一百」，前輪懸吊連桿特別加長，後座的尾管往上翹，騎在上頭形似越野機車，拉風得很。

我們沿著台3線經大里、霧峰、草屯到中興新村，再由南投、名間走151縣道前往阿三的鹿谷老家。一路上風馳電掣，像踩著風火輪的哪吒三太子，在公路上恣意而行，如短歌般的青春似七月陽光，飛越城鎮的街道、鄉間的田埂，還有遠方的山林和湍急的溪流。

那是我和死黨們從沒有過的飆車經驗，在少年苦悶隨風而逝的旅途中，一種難以言喻的集體快感浸染著我們。

車隊抵達鹿谷，已是傍晚時分，身為東道主的阿三，先帶大夥到他老家的三合院歇腳，隨後再就近去庄內香火最鼎盛的宮廟拜拜。不知道是否受到結伴同行的氛圍激勵，抑或是少年江湖的情義使然，有人起了頭說，「既然都來到這裡了，何不就此舉香結拜！」此語既出，一股兄弟情澎湃而生，眾人皆附和說好，遂燒了香，在關老爺面前一字排開，同聲「義結金蘭」。

結拜	
死忠換帖	
三八兄弟	
萬年損友	
以上皆是	

How can I tell her about you
Girl please tell me what to do

那年冬天，北半球搖滾樂團像劃過天際的流星，
消失在我徬徨的十七歲青春。

50cc 繪

50cc 繪

結拜	
死忠換帖	
三八兄弟	
萬年損友	
以上皆是	

為了一睹「冰山美人」的芳容，我會刻意等待 52 路，甚至還跳過發車點就在家門口的 2 路公車。

按年齡起算，高兄是老大，其後是老夏、阿三、番仔火……，年紀最小的我排行老么，總共十一個人。印象中，我們似乎沒有說過什麼「不能同年同月同日生，但願同年同月同日死」的八股誓詞，就只是舉香齊眉，彼此相望後，轉身離去。我還記得有人問道，「就這樣了嗎？」「好像是吧！不然還能怎麼樣？」

翌日一早，兄弟們咸認應集體做件有意義的事，以紀念我們的結拜情誼，眾人商議後決定去挖竹筍，結果一群不曾拿過鋤頭的少年家，拚得滿頭大汗，也沒挖出幾根筍子，引來一陣訕笑。不過，漏氣歸漏氣，我至今仍記得那天手忙腳亂、糗態百出的情景，清晨日光正穿透竹林縫隙，灑落在泥土堆和勞動的青春肉體上，年少的笑聲迴盪在山谷間。

一個月後，大學聯招放榜了。我的高中死黨們個個「災情慘重」，即使上榜的科系也不理想，幾乎以「全軍覆沒」收場，更糟糕的是，那一票落榜生中還有三、四個是沒有完成學業，全都是和教官翻臉辦休學後以同等學歷報考。

在旁人眼光，我們實在是一群徹底失敗者，想當初都是第一、二志願考入明星高中，不要說沒考上好大學，最後竟然還落得連一張高中文憑都沒有的窘境，失志和沮喪可想而知。那樣的挫折感像烏雲罩頂般，自放榜後始終瀰漫在我們之間，日子一久，大家都有想要逃離家鄉的衝動，「遠離台中」逐漸成了大夥心照不宣的默契。

這一天到來了，幾個難兄難弟相招北上到三重埔投靠老夏，夜裡，大夥買了酒菜翻牆去隔壁的碧華國中開「兄弟會」。那是一場徬徨少年的集體告解，我們在操場的司令台上圍成一個圓圈，輪流訴說自己的心事，有人談父母望子成龍的期待，有人聊高中青澀戀情的苦悶，在幹譙聲中輕輕地碰觸那渴望被理解的心，就連平常很ㄍㄧㄥ的頑強分子，都不免要在酒精催化下哭得梨花帶淚。

沉沉的月光映照在司令台，像是在撫慰這群十八、九歲的大男孩，我們隨後三兩成群，或划拳助興，或促膝長談，四周空寂無人，夜是如此迷濛，在眾聲喧譁的深處，流洩著一種淡淡的哀傷與憂愁。

許多年後，我和死黨們談起那天在廟裡焚香結拜的往事，結果記憶卻是模糊且片段的，更別說夜鬧三重埔，喝到一堆人抓兔子。高兄說，他還記得後來在溪頭砍了一棵台灣杉打算用來生火；番仔火笑稱，在明山別館前被守株待兔的一毛二逮個正著，只因But的風神沒掛車牌。

而我呢？我存取的記憶是停留在溪頭通往杉林溪的公路，沿著蜿蜒而上的山徑，在每個轉彎處皆可看見一幅代表十二生肖的圖騰。那是我們叛逆的青春，少年心事隨著歲月在山林間流轉，我不曾或忘，只是已經遠離。

我那住在豬屠口的同學

阿丁就趴在桌上呼呼大睡，從課堂鐘聲響後，一直維持倚頭而眠的姿勢，睡得如入無人之境，已到了渾然忘我的地步。我很佩服他，畢竟這是第一堂課，在還沒搞清楚眼前這位長得和藹可親的英文老師是不是貌似忠厚、實則卻當人無數的女殺手之前，任誰都不該輕舉妄動，更別說用夢周公來和她打招呼。

但他老兄一副趴得理所當然的模樣，簡直讓人為之側目。

「我們今天是第一次上課，彼此都不認識，有位同學好像很累的樣子，要不要請他上來自我介紹？」帶著金邊眼鏡的英文老師終於出招了。被同學搖醒之後，阿丁一臉惺忪地上台，然後開口說：「我生平無大志，只希望一切都過得去，功課不會被死當。」他笑得有些靦腆，唏哩嘩啦地介紹自己的生平事蹟，然後突然說起兩性關係：「我覺得男人與女人的關係，就像一組泡茶組合裡的茶壺和茶杯，而一把茶壺不可能只有一個茶杯，得要四個或六個茶杯才速配。」

二十八年前的大學校園還很保守，那時的兩性關係就跟兩岸關係一樣遙遠，阿丁的茶壺與茶杯理論，應是取材自魯迅文章，但如此獨樹一格的開場白，卻讓眾人留下深刻印象，至少男的笑、女的氣，真正貌似忠厚的是他，不是一旁面帶笑容的老師。從此以後，自比為茶壺的阿丁果然身體力行，讓我們一群從下港來的庄腳聳刮目相看。

阿丁其實也是下港來的，他老爸是雲林台西人，家住在蘭州街的國宅，那個地方是俗稱「豬屠口」的老舊社區。「豬屠口」以前是豬隻屠宰場所在，早年從濁水溪畔來到此地落戶的人，若不是以殺豬為業，就是市場肉商、攤販，當中也不乏做粗工或賣笑維生。但同為異鄉人，認真打拚、團結對外是必要的生存之道，有一說，幫派於焉形成。

在台北市幫派生態中，「豬屠口」是屬於傳統的地方角頭。那時的阿丁，戴金邊眼鏡、金戒指，脖子掛著有如粗繩般的金項鍊，腳蹬白布鞋，標準的竹雞仔打扮。我們曾打趣問說：「以後如果真的被人家堵上，怎麼辦？」他很講義氣地回稱：「那你就報『豬屠口』的名號吧！」此後，「豬屠口」彷彿成了我們的護身符，儘管從來都沒有派上用場，但有靠山依附的篤定，竟讓一票人對「豬屠口」產生莫名的歸屬感。

但，人家是真的當兄弟，我們充其量不過是拿香跟著拜罷了。阿丁解釋他上課會打瞌睡的原因是「半工半讀」，事實是他白天到校睡覺、晚上就在承德路顧「貓仔間」。民國七〇年代在台北後火車站一帶，有許多專做油壓、指壓的泰國浴，而這些店根本是掛羊頭賣狗肉的色情交易中心。

那個年頭，有個豔名四播的義大利脫星叫「愛雲芬芝」，由她主演的情色電影紅遍大街小巷，當年的愛雲芬芝，身材火辣、妖嬈美麗，既是男人心中的性感女神，也是不少四、五年級生苦澀青春的共同記憶。據說，阿丁的老闆看中愛雲小姐對台灣男性的魅惑功力，一口氣開了好幾家以「愛」為名的連鎖店，舉凡「愛芝」、「愛仕」、「愛蘭」等這些引人性聯想的油壓按摩店都是關係企業，就盼天下的癡情男性也能愛屋及烏，在峰峰相連到天邊之中找到愛愛的出口。

INK PUBLISHING

讀者服務卡

您買的書是：＿＿＿＿＿＿＿＿＿＿＿＿＿＿＿＿＿＿＿＿

生日：　　年　　月　　日

學歷：□國中　□高中　□大專　□研究所（含以上）

職業：□學生　□軍警公教　□服務業

□工　□商　□大衆傳播

□SOHO族　□學生　□其他＿＿＿＿＿＿

購書方式：□門市＿＿＿書店　□網路書店　□親友贈送　□其他＿＿＿

購書原因：□題材吸引　□價格實在　□力挺作者　□設計新穎

□就愛印刻　□其他＿＿＿＿＿＿（可複選）

購買日期：＿＿＿＿年＿＿＿＿月＿＿＿＿日

你從哪裡得知本書：□書店　□報紙　□雜誌　□網路　□親友介紹

□DM傳單　□廣播　□電視　□其他

你對本書的評價：（請填代號　1.非常滿意　2.滿意　3.普通　4.不滿意）

書名＿＿＿　內容＿＿＿　封面設計＿＿＿　版面設計＿＿＿

讀完本書後您覺得：

1.□非常喜歡　2.□喜歡　3.□普通　4.□不喜歡　5.□非常不喜歡

您對於本書建議：

感謝您的惠顧，為了提供更好的服務，請填妥各欄資料，將讀者服務卡直接寄回或傳真本社，我們將隨時提供最新的出版、活動等相關訊息。

讀者服務專線：（02）2228-1626　讀者傳真專線：（02）2228-1598

舒讀網「碼」上看

廣	告	回	信
板橋郵局登記證			
板橋廣字第83號			
免	貼	郵	票

235-53
新北市中和區建一路249號8樓
印刻文學生活雜誌出版有限公司　收
讀者服務部

姓名：＿＿＿＿＿＿＿＿　性別：□男　□女

郵遞區號：＿＿＿＿＿＿＿＿

地址：＿＿＿＿＿＿＿＿

電話：（日）＿＿＿＿＿＿＿＿（夜）＿＿＿＿＿＿＿＿

傳真：＿＿＿＿＿＿＿＿

e-mail：＿＿＿＿＿＿＿＿

INK

阿丁的工作是站櫃台，負責按耐人客，有些同學想要見見世面，偶爾會藉探班名義一探究竟，久而久之，也有人忍不住下海體驗。記得有一回，初次提槍上陣的小王，忐忑不安地進入昏黃密室，果不其然，三兩下就一洩千里。原本進場候教的大姊姊，一交手就知道他幾兩重，事後特地包了一個紅包，祝賀小王「轉大人」。

凡是兄弟必然就有女人相伴。班上第一次舉辦夜遊，阿丁帶著店裡的紅牌來參加，由於兩人年紀有些差距，有女同學不明就裡地詢問怎麼稱呼，他嫌煩敷衍地說：「就叫阿姨吧！」一路上，阿姨長、阿姨短的問候。此後，「阿姨」在阿丁身邊長相左右，從未間斷過，只是人永遠都不相同。

不過，夜路走多還是會遇到鬼。有一天，阿丁揹著一只沉甸甸的白色旅行袋到宿舍，他說，「這包暫時寄放你們這裡」，同寢室的阿亮覺得事有蹊蹺，好奇地打開來一瞧，「哇咧，傢俬這麼多！」從扁鑽、尺二、掃刀到開山刀，將近十把刀械，長短兼具。「你出什麼代誌了？」眾人一臉疑惑地問道。

只見阿丁娓娓道來，「昨暝有幾個少年仔來砸場尋仇，一入大廳就開槍，牆角的花盆被打破，隨後拿著開山刀進來房間砍人，我剛好在休息，趕緊抓了棉被保護。」阿丁撩起褲管，指著還滲著一道道血紅刀痕的小腿笑說，「好加在，刀是砍在棉被上，」他啐了一口又說，「若沒準備一下，半路被堵穩死的。」

我和室友聽得面面相覷，阿丁忽然冒出一句：「剛才騎速克達來學校途中，那一包放在後座太重，還差點掉到馬路上。」

也許是人在江湖，身不由己。拜班上幾個下港幫和阿丁臭味相投之賜，我不僅曾陪他在鶯鶯燕燕之間打情罵俏，也去過他蘭州街的老家，接受他媽媽的消夜款待。丁媽媽深具大姊頭風範，邀來幾個姊妹淘擺桌宴客，酒過三巡之後，划拳助興，她酒量奇佳，灌得我們幾個同學東倒西歪，我也不勝酒力，半夜在酒泉街的花店忽冷忽熱，隔天掛急診打點滴。

但何止老媽一女當關、氣吞山河，就連還在讀國中的老妹也辛辣無比。「我妹才誇張，她在外面跟人家吵架，竟然回家拖了一把武士刀要出門跟對方輸贏。我告訴她，一個查某囝仔，這能看嗎？」阿丁聊及此事時，彷彿他妹是楊門女將，一股殺氣令人不寒而慄。

我的同學、朋友之中沒有真正出身「江湖世家」，像阿丁這樣靠著愛雲芬芝魅力賺吃的，更是絕無僅有。不過，他雖堪稱唯一，卻鮮少張揚，而他的夜行生活也在半夢半醒之間持續到畢業，最終安全下莊。

多年後，我在同學聚會中巧遇阿丁，問他最近在忙什麼？他遞了一張名片低調地說：「我在做貿易啦！就是將廢棄輪胎資源回收，專門外銷大陸。」我好奇地問：「沒有打通黑白兩道，這生意做得成嗎？」

「大家互相啦！」阿丁講得很客氣，我看見他脖子上那條金項鍊，在午後的陽光下顯得特別耀眼。

打金仔店的女孩

「你為什麼不能再早半年呢？」那哀怨的話語如凝結的空氣般，讓我久久無法答腔，因為我的確不知道半年前在想什麼？而我此刻坐在這裡，又想告訴她什麼？那時候，她還在等著我，還沒有答應對方，但我為何沒有感覺到呢？難道我一直以為自己遭逢的兵變，始終是一個美麗的錯誤嗎？

《戀戀風塵》上映那一年，我們一起去看了，陳明章的電影配樂宛如空谷登音，伴著靜靜的蒼鬱山丘，美得令人心動也心碎，不記得是怎麼離開戲院，只知道兩人並肩看完後，心底有些沉重，泛著淡淡的離別哀愁，彷彿是即將散去的戀人，頻頻回首，依依不捨。

一九八七年夏天，我在屏東入伍，第一個禮拜她就寫信來，試探地問：「去看你好不好？」我沒回信，覺得不想讓她看見自己滿身帶傷的狼狽樣。

懇親日那天，母親來了，在千樹成林的營區裡母子倆竟像不相識的陌生人般擦身而過，因為我理個大光頭，身形消瘦、面容黝黑，直到我趕緊上前喚她，母親才認出她兒子來。也就是那種沒來由的執拗脾氣，讓我堅持不願她輾轉搭好幾趟車來到這鳥不生蛋的鄉下地方，然後看著一個被磨得已沒自尊的愛人，心疼地落下淚來。

我們是從小一起長大的青梅竹馬，她就住在有巴洛克牌樓的三角街上，家裡開銀樓還兼營美容院，母親經常買完菜之後順道去做頭髮，和她那成天忙著美容院的媽媽相熟，她是家中長女，底下還有三個妹妹，美容院生意好，常忙不過來，她得幫忙洗頭。有時逢年過節從早上八點開門忙到晚上十點多還無法打烊，一整天下來，站了十幾個鐘頭洗了五、六十顆頭，洗到浸泡在洗髮精中的雙手皮膚過敏起疹子。但她從不喊累，只有當我現在回想她攤開紅通通的手掌給我看時，我才會意識到她不過是一個還在作夢年紀的少女。

讀國中時，我們分別念不同的學校，而我也搬了家，儘管三年沒聯絡，但一份從童年就埋藏在心底的青澀愛慕，卻在升高中那年暑假悄悄地萌芽。

忘了是怎麼聯繫，我們相約去南華戲院看電影，那是一九八〇年法國影星蘇菲瑪索主演的《第一次接觸》。散場後，兩人沿著學校圍牆漫步，青春正盛，如開在心田的花朵，像夏日啜飲第一口清涼啤酒，有著直沁胸口的回甘。

此後，戲院成了我們最常約會的地點，尤其每年春節期間的賀歲片，幾乎是兩人必選的檔期，我總是等她除夕忙完美容院的洗頭工作，隔天大年初一相約去趕早場電影，我們經常一天連趕三場，成龍的《警察故事》，還有千篇一律英雄救美人情節的〇〇七系列，都是那些年有如戲院跑片小弟小妹四處征戰的成果。

然而，十七、八歲的愛情像天空中的風箏，心裡想要飛得高飛得遠，卻又怕放得太快、拉得太長，風吹斷了線，從此消失天際、不再擁有。就這樣，兩人的「學生之愛」不識愁滋味，總在為賦新辭強說愁之中尋尋覓覓。高三那年，我在校刊寫了一篇關於純愛的散文，記下她喜歡的一首詩，那詩句開頭這麼寫著：「這次我離開你，是風、是雨、是夜晚；你笑一笑，我擺一擺手，一條寂寞的路便展向兩頭了。……你說，你真傻，多像那放風箏的孩子，本不該縛它又放它。」

三十年後，我在老家一堆陳年雜物中找到這篇泛黃的文章影本，再次展讀，竟覺得文字華麗、詞藻堆砌，雖情感豐富但充滿虛無，那紙本像手中捧著一只快要滿溢的水杯，微風輕拂，起了漣漪，一份年少情懷、純真感動恍如昨日。

大學聯考後，我逃到霧社去找小舅避難，那時他是廬山雲龍橋新建工程的監工，把我安排住在公路局工務段的宿舍，每天我游手好閒、無所事事，在工寮、宿舍內外閒晃，偶爾跟小舅借了一輛野狼機車到處溜達。我愛吹著口哨、哼著民歌，一路騎往合歡山，聒噪的烏鴉跟路邊的電線桿一樣多，從合歡山這頭望向對面的奇萊山稜脊，因長年背光顯得漆黑神祕的山嶽氣勢，讓我留下「黑色奇萊」的深刻印象。

在那段眺望「黑色奇萊」發呆的日子裡，她上山來看我。從台中到霧社得坐好幾個鐘頭的客運，我去車站接她，迫不及待地想要告訴她自己的山中歲月，無論是廬山的碧湖或清境的草原，與其說我是熱心的嚮導，還不如說我像個天真的孩子，看見自己喜歡的人，便大方地把所有心愛的玩具全都搬出來分享。那一天，我們聊了很多也聊得很晚，就像往後許多時候，她總是扮演一個恬靜可人的傾聽者，考試的挫敗，親情的對立，還有死黨之間一些狗屁倒灶的荒唐事，她專注地聽，也陪著我哭、陪著我笑……。

北上念書之後，我們依然保持緊密聯繫，她插班考上逢甲留在台中，雖然相隔兩地，但心裡彼此認定的關係從不曾改變過。快畢業前，有一天她突然說想來看我，然後就獨自搭車跑來，這雖然是求學期間唯一一次相約在台北，卻已讓我欣喜若狂，我帶她逛西門町，再去武昌街看電影，重溫過年時一起膩在戲院的美好記憶，一如當年她上山看我時的幸福感受。

當了兵、下了部隊，講究紀律的軍旅生活變成自我封閉的藉口，再甜蜜的兩人關係終究也得歷經四季更迭的考驗。有一晚，結束值星任務回寢室就寢後，室內寂靜無聲，我睡在上鋪，輾轉反側、難以入眠，一輪明月高掛天際，皎潔的夜光落在床榻前，就在那光影交錯間，心底那根思念的弦輕輕地被觸動了。我回首一路走來的感情，不知怎麼地想著想著就紅了眼眶，濕了草綠汗衫，那一幕，多麼像《戀戀風塵》裡的畫面：在外島服役的阿遠，獲悉女友素雲要嫁人的消息，半夜在營區的寢室哭得柔腸寸斷。

為什麼會分手？或者說，我們曾經分手過嗎？這是一個曾經盤旋在我腦海，也曾困惑著我的問題。我始終找不到答案，但我知道母親很喜歡她，剛退伍回台中跑新聞時，母親常會有意無意地念著說：「那個打金仔店的查某囝仔，最近你怎麼很少聯絡？」她是母親這輩子曾當面稱讚過的女孩，而且不只一次地說：「你若是交翠華伊女兒，我就呷意！」我猜想，母親每次去美容院，一定是她洗的頭。

好像是她說過的，年輕的承諾是生命中不可承受之重，她不相信愛情能天長地久。她很愛席慕蓉的詩，曾送我席慕蓉的第一本詩集《七里香》，那是一九八一年的往事，過些年，席慕蓉出了《無怨的青春》，書中寫道，「在年輕的時候，如果你愛上一個人，請你，請你一定要溫柔地對待他。不管你們相愛的時間有多長或多短，若你們能始終溫柔地相待，那麼，所有的時刻都將是一種無暇的美麗。」

「若不得不分離，也要好好地說聲再見，也在心裡存著感謝，感謝他給了你一份記憶。長大了以後，你才會知道，在驀然回首的剎那，沒有怨恨的青春才會了無遺憾，如山崗上那輪靜靜的滿月。」

我相信她是這麼實踐著席慕蓉的詩。

「早半年，真的可以挽回嗎？」半年前，我正要退伍、忙著找工作，如果母親當時提醒我，或許人生都不一樣了。但千金難買早知道，這一次換她說，而我只能做個傷心的傾聽者。當她說了「再見」兩個字，世界變得靜默無語，我從駕駛座的後視鏡凝望著她轉身離開的背影，漸行漸遠，直到視線模糊後。我的鄉愁、我的青春和我的愛情，也不再回頭了。

II

親情相繫

板車上的家族記憶

天空飄著濛濛細雨，我們撐傘走在荒煙漫漫的羊腸小徑上，爸爸的步履顯得有些蹣跚，媽媽拎著牲禮、素果供品，大弟阿興則逕自往前行去。雨落在衣襟，淋濕了鞋，三月春天真是後母面。

離清明節還有一個禮拜，滿山已是掃墓人潮，長長的車龍堵在狹窄的產業道路中，幾乎動彈不得。這裡是大度山的第一花園公墓，從沒來過此地的人，想要在上千座墳墓裡找尋一座去年才剛整修完成的新墳，就像是大海撈針般的困難。提前抵達的三叔已找過一遍了，阿興還在上方尋覓，二叔一家人也來了，雨勢漸大，找不到祖墳的心情也漸顯焦慮。

「讓我試試看吧！」一種不知名的感覺引領我，朝著目光注視的正前方邁開腳步。左側十點鐘方向有一座十字架，那應該是基督教或天主教信徒的墳，以前在九張犁的老家，阿嬤的墳旁也有類似的十字架，在一堆閩南漢人的圓拱式墓碑中，格外引人側目。

其實，我只是猜想而已，因為我相信至親的阿嬤會指引我，在哪個地方可以找到她。即使她已經離開二十四年了，然我從沒忘記她。

我的阿嬤是個目不識丁的農婦，她很早就守寡，懷才不遇的阿公，成天借酒澆愁，喝到肝硬化撒手人間，留下五子一女，讓戰後原本就一貧如洗的生活更形艱困，天天都得向村裡的柑仔店賒借，套句叔叔們的形容，那個年代可真是「窮到快被鬼抓走」。

貧窮不僅是每個社會最大的挑戰，也是對人性最殘酷的考驗。祖父那一輩的兄弟有五人，其中，阿公排行老四，在五大房的子孫當中，就屬第四房的我們最被整個家族瞧不起。「房頭內的親戚，大家都講，你們是沒老爸的囝仔！」因為窮，因為一家之主的早逝，讓父親和叔叔們成為鄉里皆曉的貧戶。

從小，阿爸絕口不提台中醫院，甚至連腳步都不願踏進去，因為那裡是傷心地。阿公是在台中醫院病逝的，當時阿爸剛退伍，幾個叔叔年紀還小，

身為長子的阿爸，接獲通知後去醫院領回，他趕緊借了一輛俗稱「犁仔卡」的人力板車，從台中醫院一路將父親遺體載回烏日九張犁的老家。那段傷心路至少有六、七公里長，他奮力拉著「犁仔卡」，在星夜相伴下噙淚而行。

但回到三合院的老家，卻過不了戶庭，經過苦苦哀求，才得以暫放在神明廳。第四房頓失支柱，成了房頭內避之唯恐不及的窮鬼人家，阿公的喪葬費還是向鄰里借貸而來，「那晚房頭內有人不准你阿爸進去休息，伊真有骨氣，就在板凳上守靈到天亮。」這是我出社會工作後，叔叔轉述的內容。阿爸後來曾經談過這段令他刻骨銘心的陳年往事，昔日的人情冷暖湧上心頭，讓他在孩子們面前說得老淚縱橫。

辦完喪事之後，阿爸下定決心離開農村，離開那個當年各掃門前雪的大家族。

然後，帶著寡母和四個弟弟，舉家搬遷到南區的下橋仔，住在一個用竹籬笆圈圍起來的矮房舍，連同庭院不過二十六坪大。那是民國五〇年代，阿爸在天源義記機械公司做領班，家裡是客廳兼工廠，偶爾還接些車床零件的工作。

我就是在下橋仔出生，一年後，阿興跟著出世，再過三年，么弟阿欽也來報到。那時媽媽得忙著照料全家七、八口人的起居，有時無暇顧及還在襁褓中的我，都是阿嬤將我帶在身邊。已過世的大姑曾笑說我的孩提糗事，「這個囝仔自小漢就吃阿嬤的奶，根本沒奶水，伊攏嘛愛吸吮著才願意睏！」

我因而和阿嬤很親，直到小學一年級搬到南屯，還常陪她睡午覺。記憶裡，阿嬤肥胖的身軀和下垂的乳房是我童年的溫暖被窩，我總是依靠著入睡。有時候，她若腰痠背痛或者外出回來感覺快著痧，便會差我幫她搥背、刮痧。阿嬤晚年「病痛纏身」，高血壓更是如影隨形，整個人像是藥罐子一般。但我覺得那多半是老人病使然，對她經常自怨自艾一世人歹命，逐漸不以為意。

或許是過怕貧窮的日子，阿嬤不但勤儉成性，甚至還有點吝嗇小氣。然而篤信佛教的她，卻常存多做善事積陰德之念，只要路旁供人取用的茶壺空了，就要我去加水。佛珠從不離手的她，還教我如果心生畏懼之事，比方說走在黑夜裡、害怕撞鬼時，口唸「南無觀世音菩薩」，菩薩就會來助你安度難關。

跟許許多多的婆婆媽媽一樣，我阿嬤生前也是歌仔戲迷，她尤其迷戀楊麗花。每天打開電視機，就是要看楊麗花和許秀年的哭調，而且百看不厭，也看得非常入戲。這些年回烏日老家，我看見阿爸也守在電視機前看布袋戲，目不轉睛地讀著《隋唐演義》、《水滸傳》等稗官野史的劇情，人間裡的忠孝節義，他全從戲裡認得。媽媽說他是呷飯配戲，我覺得就這一點而言，他還真是遺傳了阿嬤。

阿嬤常說，「大孫頂尾子」，她是在我退伍那年夏天過世的，阿爸、叔叔他們兄弟分阿嬤的手尾錢時，還依民間傳統習俗算我一份，我用那些錢請媽媽去銀樓打了一只金戒指紀念她。

那天掃墓，天氣陰晴不定，在阿興、三叔都找不到的當下，我突然動心起念地撐起傘來往前方的一座新墳走去，好像那裡就是我親愛的阿嬤和不曾謀面的阿公合葬之處。墳上的綠草如茵，四周整齊潔淨，毫無一絲雜物，我定睛看著眼前的墓碑，「張媽林釵法號普鳳」。那是阿嬤埋骨的地方，我轉身向五十步之遠的家人招手。「我找到了」，就在這半山腰的公墓裡。

是阿嬤魂魄的召喚，讓大孫找著的嗎？雨不再下了，屘叔、屘嬸也趕上祭拜的時間，我在祖墳前舉起三炷清香，阿嬤的佝僂身影從記憶深處緩緩走來，她留給我的那句話：「一枝草一點露，天無絕人之路」，始終伴隨著我。

望著我的家人，想起阿爸當年拉著人力板車去載運阿公的悲愴，再將自己的媽媽、兄弟都帶離九張犁老家的強韌，這是一個屬於我的家族記憶。

我的黑手家族

二叔出殯那天，我一早搭高鐵回台中老家，公祭是在大度山上的殯儀館舉行，叔叔、嬸嬸們都來了。陽光燦燦，南風微微，那是一個少見沒有熱得如火燒埔的七月夏天。仔細回想，距離上次也是在相同季節舉辦的家族喪禮，已是二十四年前的往事了。那是祖母的告別式。

父親鬢髮霜白，幾個叔叔也顯得蒼老許多，往年清明時節才會在祖墳前齊聚一堂，不過三個月，再聚首卻是為了送別自己的兄弟。在那樣充滿離情哀思的家族聚會場合裡，我望著他們逐漸老去的身影，有著一種說不出口的感傷。

我的父親是個黑手，四個叔叔也都做黑手，可以說，我有一個黑手家族，甚至從小就在做黑手的家庭長大。當年父親帶著叔叔們白手起家，從南區下橋仔搬到南屯消防隊附近的一棟透天厝自立門戶，開起了鐵工廠，專門承接工具箱及油壓機零件的相關訂單。

在那個台灣經濟剛起飛的六〇年代，我的家和大多數的中小企業一樣，住家即工廠、工廠即住家，每天樓下機械框啷框啷地作響，樓上吃喝拉撒全都擠在一起。老闆夥計作夥吃大鍋飯，僅有的一間浴室得排隊盥洗。記憶裡，剛從憲兵退伍回來的四叔，白天在工廠、晚上讀夜校，我和他睡上下鋪，他讀製圖科，床鋪旁就擺了一張製圖桌，還在念小學的我，常偷偷趴在桌上拿著直尺、圓規和三角板畫機器人。

我的童年歲月就是在廠裡廠外進進出出，除了刨刀、車床、電銲之外，類似莫達（馬達）、片機（鉗子）、賜吧拉（扳手）、羅賴拔（螺絲起子）等這些源自日本外來語的，都是我兒時就熟悉的黑手工具。升上國中之後，我們搬家到烏日，工廠還是在南屯，每年寒暑假期間，爸媽總要我到工廠幫忙，當時年紀小，覺得別人都在玩耍為何我要做工，百般無奈，怎知這對我後來上梨山打零工幫助頗大。至少當時我聽得懂師傅囑我去取的工具名稱，不會將「賜吧拉」當作「螺絲起子」時，真是獲益無窮。

在自家工廠做小小黑手的囝仔工，一做就好些年。每逢漫長假期到來，我就去工廠報到，鎮日穿梭在大型的壓縮機、噴射機具之間，那些機具有自動裁剪鐵線圈，也有用腳踩將鋼片打孔做活頁，我的兩隻手經常因油漬浸染和鐵屑摩擦，弄得滿身髒黑、刮痕累累。現在回想，那是我迄今唯一擁有過的「黑手人生」，隨著歲月淘洗與生命成長，悄悄地在心底埋下「我有一個黑手家族」的種子。

「住家工廠」的創業模式維持了相當長的時間。父親和叔叔們各司其職，同心齊力，讓貧困的生活有了明顯改善。擅於人際溝通的父親，負責對外生意洽談聯繫，進而參與工會事宜；腦筋靈活的二叔則是技術長，專司廠內產品研發和機具維修；打過八二三炮戰的三叔，是工廠裡的苦力，他最愛道聽塗說聊八卦，尤其是他口中的「臭頭蔣」軼聞。三叔說，蔣介石和毛澤東的前世分別是烏龜、蟾蜍，蔣毛之爭就是一場「龜蟾大戰」，兩隻千年妖怪大鬥法，最後竟搞得天翻地覆、民不聊生。

至於四叔，我和大弟常輪流跟著他外出送貨，那不僅讓我們得以暫時擺脫看管機械化工作的枯燥乏味，有機會到外頭兜風，瞧瞧花花世界，我因而也知道四叔一心想往外發展的抱負。對他而言，做黑手，既非所願，更不是興趣所在，那是懷才不遇、龍困淺灘。屘叔也是如此，當完兵之後，他寧可去開聯結車，也不想再做黑手。後來，各自成家的四叔、屘叔都得償宿願，一個專研易經，成了台中最古老廟宇的總幹事；另一個考上救生員執照，還開洗衣店，做過許多工作，但就是不再碰黑手。

來自黑手，卻總想要逃離黑手，背後沒說出來的其實是逃離貧困。因著父親他們兄弟間的情感羈絆，以及祖母生前堅持不能分家的決定，三、四十年來，我那從烏日鄉下出走的黑手家族，一路迭經事業起落，飽嘗人情冷暖，在彼此交錯的世間恩怨裡奮力生活著。而我，始終沒忘記自己從哪裡來，那個一直深藏在我生命裡的DNA。

生命中的成長記憶儲存久了，就會內化為無法改變的DNA，它暗自融入血液與骨髓之中，隨時都可能因為一個人、一件事或一種情境的召喚而甦醒。

二十七年前，我在台北念書，有一回和同學打籃球，跟對方籃下爭搶發生碰撞，左腳在落地時翻船扭傷了。回到宿舍後，仗恃著年輕不以為意，僅僅一晚竟腫得像紅龜粿，完全無法走路。那時我住在景美一棟四樓公寓的頂樓加蓋，因為腳傷無法下樓用餐，每天都得靠室友買便當，直到有一天，實在憋不住很想透透氣，決定獨自下樓去覓食。

樓下麵攤子的老闆已是舊識，看見我熱情地招呼說：「怎麼好幾天沒看到你？」我細述了原委，他隨即笑說，「年輕人出外，自己的身體要好好照顧。」老闆端著一碗熱騰騰的麵請我吃，「你腳腫成這個樣子，有去看醫生嗎？」我搖頭苦笑以對。「唉，這樣不行啦！」麵攤上另一個歐吉桑突然開口說：「我帶他去好了！秀朗橋下有一家國術館，師傅功夫還不錯。」「對啦！你載他去，我們得顧麵攤、做生意，跑不開。」老闆娘跟著幫腔，當場和熱心的歐吉桑一搭一唱地說定，就這樣，二話不說，我坐上歐吉桑的川崎牌機車，頂著大太陽出發了。

其實，我和熱心的歐吉桑素昧平生，但他卻自告奮勇要載我去看專治跌打損傷的拳頭師傅，一股難以言喻的親切感油然而生。那很像小時候阿嬤央我替路邊茶壺加水，供路人飲用時所感受的心意，而今別人也如此看顧我。歐吉桑又說道：「我是做工人，你是大學生，社會需要你這種人才，趕緊治乎好，才能去上課。」我搭著他的肩，輕聲回應說「好」。

那天正午的陽光很毒，秀朗橋上來往車輛又多，轟隆轟隆的車聲夾著在耳邊呼嘯而過的風聲，我斷斷續續聽到歐吉桑的話：「我是做黑手，不曾讀過什麼冊……」、「日後你出社會有成就，不要看不起阮這款人就好！」我聽著聽著，心頭有點酸，接著是沒來由的羞愧，然後跟著拉高分貝大聲地回答他：「歐吉桑，不會啦！因為我家也是做黑手，我嘛是來自做黑手家庭的囝仔啊！」

那一刻，我想起父親和叔叔們，以及嫁雞隨雞、嫁狗隨狗而跟著到工廠做食的媽媽和嬸嬸們。黑手，黑手，人們常說，吃果子要拜樹頭，黑手就是我的樹頭哪！

這究竟是因我念念不忘而必有回響所致，還是根深柢固的黑手記憶從來就沒有消失過，我不得而知。但我常咀嚼這件陳年往事，儘管熱心歐吉桑的容貌早已遺忘，然而，那個純樸善良的勞動者聲音卻一直盤旋耳畔，提醒我莫忘初衷、莫忘初衷。

一記遙遠的外野長傳

我的第一個棒球手套是父親從路邊攤買回來的，那是美津濃製的純牛皮褐色手套。忘了是運動器材行倒店，或者商家被祝融光顧，父親在回家的路上看見地攤的跳樓大拍賣，心血來潮就買了兩只棒球手套，我和弟弟各一個。

因為毫無預期，直到今天，我都還記得收到禮物時欣喜若狂的心情。那並不是夢寐以求，而是從沒有想過會擁有，所以每每回憶起來，總是有一種夜裡抱著手套睡覺都會微笑的滿足感。

一九七五年夏天，我已升上高年級，一只散發著皮革味的棒球手套，讓我就此告別簡陋的「手工業」。在這之前，我和兒時玩伴一起用泰山牌的養豬飼料袋摺製棒球手套，那上頭還印著「增產報國」或淨重幾十公斤的字樣。這種以厚牛皮紙自製的棒球手套相當耐磨耐操，透過虎口位置控制前端口袋的開闔，雖然很克難，但我們玩得樂在其中。

在那個資源匱乏卻又不忘廢物利用的美好年代，棒球不僅是許多男孩最喜歡的運動，也是一路伴隨著我成長最深刻的記憶。我經常和隔壁鄰居的幾個大孩子，站在一堵牆壁前練習投接球，偶爾還想像自己是一名擅長低肩側投的強投，而這個強投想像則是來自以潛水艇式投球著稱的旅日好手劉秋農[1]。

高雄鼓山少棒隊被拒於威廉波特門外那一年，父親送的棒球手套，使我在同儕之間的地位也跟著升級，不再是拿著飼料袋的克難族。那個年頭很崇拜英雄，功課不錯、人緣又好的棒球少年，竟理所當然地當起主力投手，非但主宰球賽勝負，還能一呼百應。

我就是那個孩子王，既是球隊王牌，也是班上的風雲人物。那時一股延續金龍、七虎的少棒精神席捲全台，在台南巨人、高雄立德的接力感召下，我和同伴組成一支雜牌軍南征北討，幻想有朝一日也能揚名立萬。雖然是七拼八湊的球隊，但有夢最美，小卒也能變英雄。

對一群熱愛棒球的少年而言，生命裡無處不是棒球，十分鐘的下課時間已足夠進行一局的攻防，翻個牆收割後的稻田即是現成的球場。在紅線白球襯著藍天綠地的世界裡，我們是豪氣的少棒男兒、英勇的長征戰士。

一九七〇年代是一個挫折年代，但是還在玩騎馬打仗的我，壓根兒都沒想過退出聯合國、與日本斷交等一連串的外交挫敗，和我的人生有什麼關係。那是三級棒球風靡全島的鼎盛時期，也是美和、華興南北爭霸的黃金歲月，中華隊的威名從威廉波特、蓋瑞一路橫掃到羅德岱堡，後來東部的花蓮榮工、中部的台中宜寧，相繼加入這個偉大壯麗的棒球行列，改寫青少棒、青棒的傳統對抗組合。

隨著這股棒球熱，一九七七年遠流出版一套熱血青春的棒球漫畫《青少棒揚威記》（千葉亞喜生著），那是我最早接觸也最喜愛的棒球經典之作。與一九九四年東立重新出版的原著（書名《キャプテン》，即Captain隊長）相對照，書中幾個角色和學校名稱當年都被改名了。鹹魚翻生的友仁中學其實是墨谷二中，剛毅堅忍的主角林立威叫谷口，脾氣暴躁的隊長李三能是丸井，冷靜聰明的天才球員張本棟姓伊賀（難怪個頭矮小的他簡直像忍者化身），至於永遠少根神經的速球大個柯小冬，則有一個道道地地的日本姓氏「近藤」。

墨谷二中奮戰不懈的棒球故事，成了激勵少年雜牌軍的人生寶典。即將從小學畢業的我，在隨身攜帶的記事本裡試擬一支夢幻球隊，並且在經過衡量隊員實力後，排定打擊棒次和守備位置，包括教練、管理也都一應俱全。我夢想，自己的球隊也能麻雀變鳳凰，完成擊敗校隊的終極目標。

不過，現實總是殘酷的，我們何止不曾打敗過校隊，甚至連交手的機會都沒有。有一次校外聯誼，遇上據稱是其他學校的主力投手，一群人頻頻在打擊區揮空棒，那一刻，我才知道變化球是這麼可怕，竟然會在本壘板前下墜！而關於打棒球這件事，我們真的是一群烏合之眾！

那年驪歌初唱前，烏合之眾照例又在學校裡練球，已經是蟬聲響徹的六月天，被「人外有人、天外有天」打敗的隊友們練得有氣無力。守在外野的大炳和阿木突然飛快地跑回本壘板前，只見他們拿著一只棒球手套興奮的說，「這是在外野撿到的！」「那會不會是先前練球的校隊球員忘了收走？」「但上面又沒寫名字。」「這樣好嗎？」「那有什麼關係，先借來用用吧！」對買不起棒球手套的大炳、阿木而言，這確實是很大的誘惑，我想他們是捨不得歸還了。

一陣騷動之後，大夥不以為意，繼續練球。但誰都沒料到，更大的風暴緊接而來。

只見一個身材肥胖又長得方頭大耳的中年男子，怒氣沖沖地朝我們走來，後頭跟著幾個棒球隊隊員，然後像是告狀般指著我們跟那個男人竊竊私語。他是教務主任，身兼學校棒球隊領隊、教練、管理等所有職務，一來到我們面前，立刻下令將所有棒球手套集中他面前。

胖主任逐一檢視，直到冷冽的目光停在那只從外野撿回來的棒球手套，然後帶著嚴厲的語氣問道：「這是誰的？」眾人噤聲不語，總得要有人說話吧！「這是我們撿到的」我出聲回答。

「撿到的？」胖主任宛如抓狂般怒斥，「你說謊，這是偷來的！」他抬起尖頭皮鞋冷不防地往我身上踹了過來，「什麼撿到的，你們根本是小偷！」越說越氣，他乾脆揮舞拳頭當場教訓我。這一齣突如其來的操場開打，讓每個孩子都嚇得不敢吭聲。

同行的還有隔壁鄰居已經讀高一的大哥哥，想要出面制止，胖主任一把勒住他的衣領，厲聲喝道：「你想管是不是？」當時還有一個跟著部隊駐紮在學校幫農民割稻的阿兵哥，見狀就衝了過來，路見不平地質問，「你幹麼打孩子？」「我在教訓我的學生，干你什麼事？」胖主任強力排除阿兵哥的介入，「教育不是這樣子，就算做錯了，也沒有必要用打罵！」「你憑什麼管我怎麼教學生？」

仗義執言的阿兵哥槓上跋扈暴烈的胖主任，他們之間的紛爭究竟怎麼結束的，我已經忘了。後來的事情如何收場，我更是毫無記憶。唯一記得的是，弟弟哭喪著臉，一夥人驚魂未定，帶頭的大哥哥召集所有隊員，要大家擦乾眼淚共同保守這個祕密，「就當作沒發生過這件事吧！」我點點頭，把這個祕密埋在心裡。

一直等到出社會跑新聞，三十年來都沒有再提起過。幾年前家族聚會，我在和家人促膝長談的夜裡吐露這段早已塵封的少年往事，那感覺好像是一記從遙遠的外野長傳回本壘的直球，「啪！」的一聲，迴盪在父親送的棒球手套，久久不能自已。

1 劉秋農：一九五六年出生於嘉義，第一代嘉義農林棒球隊選手劉蒼麟的兒子，亦為投手，曾代表國家參加蓋瑞城青少棒賽、羅德岱堡青棒賽及亞洲棒球錦標賽等國際賽事，後加入日本業餘社會人球隊，目前已歸化日本。

野孩子的天空

每回聊到故鄉的話題，對方若問我是哪裡人，我總有兩個答案，一個是烏日，那是父母的成長之地，也是他們從我中學之後一直住到現在，而我還會經常回去的「老家」；另一個則是南屯，以前我那客廳即工廠的家，就在離消防隊不遠、鄰近電力公司旁的一棟二層樓透天厝。

沿著鬧熱結市的南屯街仔往北一路細數，我的姑表叔嬸、兒時玩伴、國小同學、還有初戀情人，都住在這商家林立的狹窄街道上。家裡開電器行的小蜜蜂，三角街雜貨店的捲髮妹，再轉個彎就到香火鼎盛的萬和宮，那是台中市最老的媽祖廟，一心想要光宗耀祖的四叔，現在已當上宮廟管委會的總幹事了。

就像這樣，年歲漸長，回憶總是帶著我重返故鄉，而且隨著夢裡返鄉的次數越來越頻繁，有些早已從記憶中消失的人，竟然又跑了出來。那種感覺有點像電影《班傑明的奇幻之旅》，在時光隧道裡我越走越遠，彷彿穿越漫長時空，撥開濃濃雲霧，看見如張艾嘉唱〈童年〉歌詞所描繪的純真世界。

我在那裡看見了「藍家三兄弟」——阿瑞、阿讚和阿顯，他們就住在我家隔壁，最小的阿顯還是我的同班同學。年紀最大的阿瑞是我們那一帶野孩子的囝仔頭王，他比我大五、六歲，舉凡打棒球、焢土窯、抓泥鰍、烤小鳥，甚至跑到野溪撈魚，或是遠征望高寮的神祕地道探險，都是由阿瑞帶頭，而我和弟弟則是小跟班，成天跟進跟出，儼然把他當偶像崇拜。

老二阿讚是軍事模型迷，我常杵在一旁，看他廢寢忘食地做模型，從美軍B52轟炸機、德軍虎式坦克到日軍大和艦，偶爾他會讓我和弟弟嘗試做些裁剪、黏貼零件的雜活，或者跟著進城去「大西洋城模型玩具店」，像劉姥姥進大觀園般欣賞令人讚嘆不已的軍事模型。透過阿讚帶入門，我因此對二戰武器有了一些基本認識，而那孩提時代訓練巧手的短暫經驗，也成了日後引領我與兩個孩子做模型玩具的初始記憶。

與我同窗的阿顯，個頭長得壯碩，他是我打棒球時的捕手，也是我騎馬打仗的搭檔。有阿顯一起並肩作戰，我們在學校裡打遍天下無敵手，不管是下課十分鐘與隔壁班的騎兵對陣，或是放學後操場上延長的棒球比賽，我們倆合作無間，有如當年最熱門的日本摔角二人組「豬木與馬場」，只要上場就是我方的勝利保證。

那時藍家做的是飼料批發生意，家裡後院還養了二、三十條豬，藍家三兄弟必須輪流餵豬、清理豬圈。夏天高溫時，還得幫肥滋滋的豬仔沖個涼，我和弟弟有時也會去湊熱鬧。通常模式是這麼展開，我穿上雨靴、跨過柵欄，弟弟打開水龍頭，我雙手握著水槍，用強力水柱為眾豬放送一場清涼秀。在豬糞隨波逐流而豬仔尖叫聲四起之下，分不清是驚嚇過度或是欣喜若狂，若再來一段黃俊雄布袋戲史豔文的主題曲——電影《出埃及記》的配樂，更是將「與豬共舞」推向一個壯麗境界。

其實，藍家是「多才多藝」，除了後院養豬，頂樓還養鴿子。每天傍晚時分，阿瑞、阿讚他們兄弟要先上頂樓再爬梯子才能進到鴿舍，然後逐一檢視繫著腳環的賽鴿健康，接著將牠們集體放風，並且站在陽台上揮舞旗幟，以各種旗語動作和成群飛翔的鴿子對話。我對這些訓練賽鴿的畫面印象深刻也頗為著迷，總覺得在那人鴿互動之間，有著一種大自然中難以理解的動物密碼。

過了藍家的後牆就是農田，那是我們兒時玩耍的大操場。記憶中，最深刻的童年趣事是烤小鳥。當時每到收成的季節，農戶都會在稻田裡架設網子，藉以攔截常飛來偷食的鳥類，其中又以麻雀數量最多、最惹人厭。有一年，我們在農田裡跟著大人架網攔鳥，將誤闖禁區落網的鳥抓來烤鳥仔疤，不過這會碰到許多麻煩事，倘若在網上纏繞太久窒息而亡，那還好處理，最怕是還沒斷氣的鳥兒。

阿瑞曾示範過處理的標準程序，他手中握著奄奄一息的麻雀，對著大約年僅十歲的我說，「牠已經活不了了，與其放牠走還不如讓牠痛快地死。既然要處理，那就絕不能手軟！」說著說著，阿瑞奮力地將麻雀高舉後往地上一摔，像摜泥巴一樣「啪！」麻雀當場氣絕，我看得目瞪口呆，直打哆嗦，覺得真是慘無鳥道。

藍家三兄弟，一人一種性，阿瑞剛強，阿讚固執，阿顯溫順。我人生的許多第一次，都是在他們兄弟房間初體驗，包括第一本*Playboy*、第一架模型飛機，還有第一口菸，都發生在藍家。記憶裡，我才念小五，看到成人畫刊時，先是看得一頭霧水，後來看得面紅耳赤，心中充滿罪惡感。又如跟著阿瑞學大人抽菸斗，紮了菸絲、點了火，才吸一口菸，就嗆得上氣接不了下氣。

記得住家附近，有一塊空地專門作為堆放漂流木之用，我和藍家阿顯在那裡合力搭蓋了一個祕密基地，從此變成《湯姆歷險記》書中描述的情節翻版。一九七〇年代，電視上有一齣收視率超高的木偶劇卡通《雷鳥神機隊》，紅遍大街小巷，我們將祕密基地當作「雷鳥神機隊」的模擬機艙，而那雜木交錯的空間，也為一個小小童心構築了一個可以躲藏、幻想的私密天地。

後來因為搬家緣故，我離開了南屯，和藍家三兄弟也斷了線。我的小學一共念了三所，其間轉了三次學，這全賴我那學習孟母三遷的媽媽之賜。因為她會在我要升上新的學年之前，先去打聽未來任教老師的風評，如果不怎麼好，就幫我轉到別的學校，所以，我分別在低、中、高年級轉了學。這讓我的小學同學來來去去，很沒緣分，每兩年就換一批。但不管怎麼換，唯有

住在隔壁的藍家三兄弟，和我交情最深，從來都不覺得這樣從小一起長大的玩伴有一天也會離開。

然而，想不到最先離開故鄉的是我，藍家也跟著搬離南屯，但真正出現變化的不是孩子，而是大人們。因為倒會牽連周遭親友，藍家三兄弟也跟著大人消失在我們熟悉的人際網絡，再問起爸媽時，只得到無限感慨的歎聲回應。

我常覺得，人的一生就像切香腸一樣，就連朋友也是分段地交，情誼分段地論。絕大多數的朋友，都是落在那一段又一段的人生交會中，只有極少數的知己是陪著我們一路走到今日。

如果是這麼看人生，我想藍家三兄弟應該是落在最早、最初的那一段，而且那是最真、最沒有一絲雜質的友情啊！

寫給十七歲的男孩

親愛的Willy：

過幾天你就要出遠門，和過去不同的是，這是一趟遙遠又漫長的學習之旅，而且是飄洋過海，到一個全然陌生的國度。坦白說，我心裡有些忐忑不安，那種感覺很複雜，既為你高興，也為你擔憂。

高興的是，你長大了，也越來越成熟，在青春盛開之齡，就開始走上追尋獨立自主的道路；擔憂的是，這條路可能滿布荊棘，遍地碎石，而你看似長大的身軀裡，還躲著一個小孩的心靈，能否一路承擔風險與挫折，我並不知道。

我不知道的事情還有很多，譬如飛往Seattle的班機、華盛頓州的天氣、

Cashmere高中的環境和Mark、Beth的家庭，那些都不是我熟悉的。我只能看見網路的資訊，閱讀網址的介紹，以及從和寄宿家庭往來的書信照片中想像，我的兒子，一個快要滿十七歲的大男孩，即將前往一個遠離家鄉十萬八千里的地方。

即使有這麼多的未知，但有一件事我卻很清楚，那就是勇敢。在你選擇走一條比較困難的路時，我就知道，比起十七歲還吊兒郎當、不知人生為何的我，你不僅勇氣十足，而且聰明又冷靜。我最近常想起自己的十七歲，那個年紀，我為了數學補考在奮鬥，為了青澀初戀而迷惘，下課後流連在彈子房、冰果室，書包裡裝的是武俠小說。同學們的暑修是在教室，我的暑修卻是在緊鄰學校旁的眷村裡，那家專門播放盜版又正點的錄影帶店。

那時候的青春是苦澀的，因為生命中有許多不知道的人事，所以我看尼采、讀叔本華，還有王文興的《家變》、王尚義的《野鴿子的黃昏》，對存在主義似懂非懂，總是一副為賦新詞強說愁的模樣。多年後，我送你《麥田捕手》、《徬徨少年時》，其實也有在找尋自己青春影子的心情，雖然都是在十七歲，但我知道，你有你的青春、你的生命，而我也知道，你遠比我有勇氣、有智慧。至少在冒險這件事情上，我是這麼認為，並且深信不疑。

不過，有件事是我要特別提醒你的，關於冒險並不適用於「吸毒」與「性愛」。前者是千萬不能碰觸的禁忌，如同你自己也說，只要有，就得被遣送回國，而後者則是必須三思而行，如果你喜歡一個人，甚至有一種腎上腺素刺激後的衝動，請試著問問自己，聽聽內心的聲音，不要讓小頭管大頭，在懵懵懂懂之間被沖昏頭。假使你真的明白了，那就要做好準備，不要造成彼此的傷害，否則你極可能因此提前打包回台灣。

從你長大以來，未曾離家這麼遠又這麼久，沒有爸爸、媽媽在身邊，也沒有弟弟的陪同商量，很多事情、狀況、問題甚至危機，面臨取捨或抉擇，你必須自己獨自做判斷、下決定。就像前面兩種可能發生的狀況，儘管你也許有所因應，也知道該怎麼處理了，但我仍要不厭其煩地說，屆時你必須冷靜地面對，再勇敢地做選擇，任何行動前「用腦筋想想看」，像馬蓋先一樣，遇到困難不要慌張，也不要氣餒。

倘若你還是因為挫折而沮喪，因為失敗而難過，那麼跟你講一句我的祖母曾說過的話，她說：「人不要失志，一枝草一點露，天無絕人之路！」那時我讀國三，一次在升學壓力下的家中衝突，促使我決定離家出走，我的弟弟跑出來攔阻，腳踏車才剛牽出老家門口，祖母就在騎樓下講了這句話，讓我一直牢記到今天。

然而，我講自己的故事給你聽，那畢竟是我的生命，而你終究有自己的故事，自己的生命。在你準備要飛向浩瀚無垠的宇宙時（似曾相識的台詞喔！還記得電影《玩具總動員》巴斯光年的招牌動作嗎？），我想起同事最近在專欄裡寫的一篇文章，他引用紀伯倫的〈先知〉對天下父母開示：

你們的孩子並不是你們的孩子……他們藉你們而來，卻並不屬於你們。你們可以，把你們的愛給予他們，卻不能給予思想；因為他們有自己的思想。你們可以建造房屋庇蔭他們的身體，但不是他們的心靈；因為他們的心靈棲息於明日之屋；即使在夢中，你們也無緣造訪。

這段〈先知〉的話，一直影響我看待父子關係的態度。十八歲以前，我和自己的父親是那種講不到三句話就會吵架的父子關係，十八歲那一年，我落榜，母親哭著告訴我：「你爸爸比我還愛你，只是他不知道怎麼說？怎麼表達？」從此以後，我和父親開始嘗試和解，而相互諒解是我們改善父子關係的第一步。

因為有過那樣的成長經驗，所以我格外重視自己的父子關係，不管是你或弟弟都是如此。我的工作隨著職位調動，導致我們無法朝夕相處，對於你們一路的成長，我參與的時間也和很多爸爸不能相比，但我盡可能去陪伴你們，並且竭力扮演一個父親該有的角色。

我知道，有些美好的記憶早已刻畫在生命深處。就像你們童年聽故事的經驗，每一次就寢後，睡在你們中間的我，總是自編自演，在望著滿室星光的黑夜中，感受你們興奮期待的心情，聽見你們天真無邪的笑聲，那是我一輩子都永難忘懷的記憶。

你即將遠行了，我知道該來的還是會來，這一天，我將開車送你去機場，幫你辦理報到，把行李提上輸送帶，如果還有時間，陪你聊聊天，給少年遊子最後的叮嚀。等到時候差不多了，我和媽媽、弟弟會起身分別給你一個熱情的擁抱，再看著你的身影消失在出境閘門口。

那樣機場的送別，媽媽一定會落淚，弟弟可能也會有點難過。我想像那樣的離別畫面，十七歲的你，胸懷壯志、豪氣干雲，如日本幕府末年的革命英雄坂本龍馬，隻身前往江戶學習，抑或者如作家司馬遼太郎《坂上之雲》筆下的海軍男兒秋山真之，渡海赴美拜師學藝……。

我很喜歡日劇《坂上之雲》的開場，那也是我要在臨行前送給你的話：

沿著一路向上的坡道，努力地往前走，你會看見那片飄在藍天裡的白雲，是如此安靜地迎著你，與你同行。

千言萬語，就盼——

我的兒子，
願老天爺賜給你勇氣與智慧，
祝福你
一路平安快樂！

爸爸寫於台北

巴斯光年回來了

再過一個月，你就要回台灣了。這些天，我總是想起我們第一次去美國旅行的點點滴滴，那像電影《新天堂樂園》中快速翻轉的膠片，逐一從腦海裡似風如雲般掠過，我不知怎麼地覺得心頭有些暖意，雖然那已是六年前的往事了。

你還記得小叔叔帶我們去加州Monterey海灣旅行嗎？那裡有一個原本是沙丁魚罐頭工廠改建並且號稱是北美最大的水族館，在美不勝收的十七哩海景公路上有一株孤懸海邊的蒼翠松柏，中午我們落腳在Camel小鎮，挑了一家具有波西米亞風的地中海式餐廳，Oliver吃得滿嘴都是番茄醬。

我記憶最深的是在Asilomar海邊跑步，清晨天還沒亮，沿著下榻旅館的小徑往大海方向跑去。迤邐的沙灘柔軟有如絲絨，岸邊的礁岩嶙峋宛若盔甲，海風徐徐，海浪層層，我在海鳥一路相伴下，聽著自己的呼吸往前跑。我遇見了一個旅人和追著皮球的小狗，然後在轉身停下腳步時，和從林間緩緩走出來的一對麋鹿母子遙遙相望。

那趟旅行，你一直都在暈車，沿路直嚷著不舒服。漫步在Marriott旅館旁的林蔭步道時，你顯得無精打采，即使在水族缸裡看到魔鬼魚，你也提不起勁。也許是時差的適應，或者天生體質使然，但我的旅行札記卻寫著這麼一段話，「沒有哥哥同行，弟弟的人生是黑白的。」

是啊，那可是你們兄弟倆生平第一次分開這麼久，而且還是一趟飄洋過海的旅行。那年，你十二歲，讀小六，哥哥十四歲，念國二。我帶著你陪阿公阿嬤去美國探望住在舊金山灣區的小叔叔，媽媽則必須留在台灣照顧忙著升學的哥哥。

人生真是奇妙，誰會想到過了幾年，哥哥先是去了華盛頓州當交換學生，而你也追隨他的身影來到Cascade山脈旁這個小鎮Cashmere。無獨有偶地，你們兩兄弟的十七歲生日都在Cashmere度過，還成為同一所美國高中的前後期校友，就像「褲帶結做伙」一樣，亦步亦趨地走在相同的成長道路上。

生命的成長是一個揉合酸甜苦辣的過程，有快樂有歡笑，也有沮喪與痛苦，在這樣悲喜交織的人生組曲中，如果有一個打從娘胎起就注定要和你作陪、分享的人，那不僅是種緣分，也是前世修來的福分。因為生來做兄弟，原本就不是一件簡單的事，倘若從兒時到青春的叛逆歲月又能如影隨形、甘苦與共，我想那樣不孤單而且有個熟悉影子在前方引路的感覺，是幸福的。

我不知道，在美國這一年，你是否曾回首過自己的成長歷程，但我卻在許多時候想起你和哥哥的成長。或許這和年齡有關，畢竟你的人生是現在進行式，而我卻漸漸走到了日本劇作家倉本聰說的，一個開始「回顧」的年紀了。

我最近常想起床邊說故事的記憶。你和哥哥小時候很喜歡迪士尼動畫《玩具總動員》，電影中巴斯光年伸臂作勢飛翔前有句台詞：「飛向宇宙，浩瀚無垠」，那是巴斯要奮起拯救地球時的口號。後來媽媽在你們的臥室裡貼了一屋子的螢光貼紙，關了燈之後彷彿繁星滿天，我們的床邊故事就是在如此童話般的氛圍中開講。

我總是自編自導自演，在那闇黑的夜空裡，你們經常聆聽我說得天花亂墜，儘管荒誕劇情，卻聽得津津有味，非常入戲，有時還會跟著搶白。其實，故事主角的原型就是「巴斯光年」，唯有如此，這個銀河英雄才能夠穿越時空、飛天鑽地，而我也才可以信手拈來，胡說八道一番。

但你們對故事的真實性卻始終深信不疑，對劇情的連貫延續也比我還要清楚，不是提醒我上回演到哪，就是糾正我講到穿幫、露餡的橋段。有時，我累得在半夢半醒之間說故事，巴斯光年和札克天王兩人正邪對決，竟會出現齊天大聖大戰牛魔王的情節。那是你們的童年，也是我最懷念的一段屬於父子三人的溫柔時光。

現在的你們呢？喜歡的是傑森．瑪耶茲（Jason Mraz）和蘇打綠，最愛的是NBA、村上春樹還有伊坂幸太郎。那天和哥哥閒聊「最喜歡伊坂的一本書」，剛看完《摩登時代》的他依舊推薦《死神的精準度》，而我則偏愛《家鴨與野鴨的投幣式置物櫃》。我其實還滿想力推《孩子們》，直到他提及《魔王》時，我突然想起你來，因為那也是你很喜愛的伊坂著作。

青春真是美好，就像我在看你們十七歲這一年的蛻變，遠比我回首自己苦澀的十七歲時還要多了一個滿足的微笑。

你還記得，前年去西雅圖接哥哥回台灣，順道前往加州旅遊。就在舊金山漁人碼頭一家海報專賣店，哥哥買了一張《黑色追緝令》（*Pulp Fiction*）的電影海報，那是導演昆汀・塔倫提諾的成名之作。他說，在美國看了這部電影，特別喜愛山繆傑克森和約翰屈伏塔這兩位黑白雙星的演出。回家之後，他迫不及待地貼在寢室的牆壁上。

那讓我憶起自己念書時也曾在宿舍裡貼了一堆海報，印象中最喜愛的是《養子不教誰之過》的詹姆斯狄恩。那是一部比我還早出生的電影，雖然英年早逝的狄恩一生也就只拍過三部電影，但他叼根菸詮釋十七歲少年的反叛形象，卻深植我心。那時候的我，剛獨自離家北上求學，在西門町萬年大樓的海報店裡，意外地發現這位我爸爸那個年代的青春偶像巨星，也許是生命的投射，也許是情感的寄託，從此桀驁不馴的叛逆小子就貼在床頭，天天伴我入眠。

現在我回首一望，不知不覺中竟然也過了三十年。我的青春早已遠颺，而你們的青春卻才剛揭開序幕，那是生命交替的必然，像四季更迭一樣的自然到來。我常想，倘若我也曾走過活過的十七歲是在苦悶中找尋出路，那麼你和哥哥的十七歲已經寫下青春無悔的註腳。

因為你們都實現了「飛向宇宙，浩瀚無垠」的童年誓言，勇敢地在十七歲時走向陌生國度，去完成我想都不敢想的青春夢。那是一種開拓視野、淬鍊心志的生命歷練，只有單獨搭著飛機到異鄉認真生活一整年之後的大男孩，才能夠真正感受和領悟。

你會有什麼樣的心情呢？你又如何回首這一年的交換學生生活？我其實滿好奇的，有一種掩不住的熱切期待。「再過一個月吧！我家的巴斯光年就要回來了。」我可以這麼說嗎？親愛的孩子。

絕塵而去的鄉間隱士

那一天，我從夢中醒來，然後在暗自啜泣的黑夜裡，想念你的身影。

我想起記憶中的你，那一幕幕令人難忘的身影。在三合院的曬穀場，我和弟弟玩官兵抓強盜的遊戲，你從廚房門口探頭出來，笑著看我們的追逐；在秋收的季節裡，我跟著母親去農田找你，只見你從交錯的棚架上摘下一顆新鮮的番茄，遞給我大快朵頤。

兒時的點點滴滴，靜靜地流過時間的長河，我像在河畔撿拾石頭的孩子，尋找你的身影。有一年夏天，你如往常般載著自己種植的果菜去女兒家，還在讀中學的我，站在門口望著你躍上鐵馬快意離去，一襲沒扣上鈕扣的白色輕衫在風中翻轉，彷彿是絕塵而去的鄉間隱士。

始終記得老家的儲藏室裡有一把生鏽的武士刀，孩提時期總覺得深不可測，那年頭流行以江戶幕府時代為背景的日本錄影帶，在虛擬的武士決鬥情節中，我自然想像你應該有個傳奇的人生。年歲漸長，從兩個舅舅的轉述中隱約知悉，那曾轟動鄉里的官印失竊記，有你漂泊不羈的青春歲月。但你從未提起那段已是過眼雲煙的放浪人生，只是認真地投入「日出而作、日落而息」的田園生活，親炙土地，怡然自得。

長年在農地耕種的生活經驗，孕育出你豁達、明理且知天命的處世態度，你像個沉默但睿智的老農夫，在每一次的家族聚會中扮演長者的角色，給予圍繞在你身邊的兒孫們一份寧靜深遠的穩定力量。逢年過節，那些散落在各地的遊子，因著你巨大身影的吸引與召喚，自動地靠攏、歸隊，然後圍成一個美滿幸福的圓。

我當然也記得你喜歡聆聽政治分析的眼神，你雖身在鄉野，卻關心時局，台灣從日治一路走來的歷史苦難，你了然於胸，可你卻甚少義憤填膺、振臂疾呼。當眾人議論紛紛，講得嘴角全波時，你永遠是一個不太說話的傾聽者。我明瞭在每一回的政治開講中，你愛聽卻安靜的專注模樣，其實藏著你對這塊土地的深厚情感，雖然你總是微笑以對。

然而，再美好的生命終歸有盡頭。那年中秋過後自北返家，聽聞你的病情，令人難以置信，父親談到你的事難掩心中悲愴說，「我的爸爸過世時是四十三歲，如今算一算，我也和多桑做了四十三年的父子（翁婿），那就親像是自己的爸爸哪！」我見到父親紅了眼眶，那因感念視如己出、因感傷至親離別的淚水，深深地震撼了我。

小舅說，你是這個家族的長者，我們因為你而凝聚在一起。這些日子來，我似乎也在尋覓你的頎長背影，直到那一天，我從夢中醒來，然後在暗自啜泣的黑夜裡，想念你。

兩天後，我趕回老家探望你，晚間和小舅守夜陪伴你身邊。那是最後一次見到清醒中的你，半夜中你醒來，起身想上廁所，我與小舅在攙扶你的時候，突然感受到那高大身影正在快速萎縮，宛如即將消失在眼前。我用自己的肩膀讓你依靠著，雙手環抱中的你，已瘦弱如一副骨架，那只剩骨骼般的身軀，傍在胸懷，深深地鑲在我心中，久久難以自已，一種我永遠忘不了的感覺。

周末的清晨，你終於走了。就在母親告知後，我的兩行眼淚又忍不住地落下來。

親愛的阿公，你慢走，讓我再喚你一聲「阿公」！

III

江湖見習

跑在左營軍港

清晨的海邊，霧未散，如一襲雪白薄紗罩大地，我穿梭在絲縷雲煙之間，迎風呼吸，擺臂舉足，出了營區後門，沿著柏油路邁開步伐，奔向氤氳天地。灰沉沉的巨大艦影，就在左側，由遠而近，像一座高聳靜止的鋼鐵山丘，兀自昂然地矗立在筆直的碼頭邊。

這裡是左營軍區，我和一群打赤膊、穿迷彩短褲的弟兄，跑在晨霧漫漫的軍港。雖然已是十月天，但南台灣的日頭依舊炎熱，白天豔陽高照，動輒三十幾度的高溫，叫人汗流浹背。唯有清晨最宜人，掛在含羞草和九重葛上的露珠，垂涎欲滴，一種沁涼感直透心扉。

我常夢見自己的軍旅生涯，尤其是關於跑步這件事，一度糾纏著我，夜夜入夢而來。一九八七年，在屏東龍泉的新兵訓練中心，我成了人們常揶掄的那句口頭禪「都市來的飼料雞」，被嚴厲的教育班長操得叫苦連天，跑三千公尺老是落在後段班，跑得氣喘如牛不說，還跑到半途嘔吐，狼狽至極。等到下了部隊，這才發現原來當海軍陸戰隊的兵這麼歹命，何止要跑步，還得天天跑，周末更有端槍跑步的操練。

不過，環境的嚴厲磨練可以改變一個人，相對地，為了適應與生存，一個人的潛能也是可以被激發出來的，包括面對論資排輩的軍中生態，以及弱肉強食的叢林法則。

菜鳥報到第一天，我在餐廳見識了待退老兵的江湖地位，當新兵領了餐盤依序打菜時，幾個老鳥就站在後頭虎視眈眈，三不五時就出言警告，不得發出聲響，不要自找麻煩。連上長官還沒到場，值星班長也未喊開動，但有一個人已經端著碗筷自顧自地用起餐來。

那場景很有「龍門客棧」的味道，一個武功深藏不露的高手獨坐角落，氣定神閒地享用晚餐，連長、副連長、輔導長等長官有如各大門派紛紛就定位之後，大俠突然起身抹抹嘴、拍拍屁股準備離去，我瞥見他的汗衫前後用黑色麥克筆各畫了一個圓圈，上面寫了斗大的「將」字。一旁的阿兵哥悄悄地告訴我：「新來的，那個人是連上第二老的兵『黑軍』，只剩一個多月就要退伍了。」

「他就是老大？那排名第一老的兵呢？」我好奇地問道，「拜託，你這麼新啊！最老的兵就是『帥』，剩不到一個月退伍的人就叫『紅軍』，他老早放『紅軍假』找頭路去了。」前輩的回答給我上了下部隊後的第一堂課，原來真正的老大是神龍見首不見尾，大家都是象棋裡的將士象、車馬包，而我當下正是那個最小的黑卒。

軍中是個小型社會，對多數人而言，更是研修「社會學分」的大教室。部隊裡五湖四海，什麼人都有，從木匠、水泥工、做油漆到修理水電，蓋一棟房子需要的專業職工，一應俱全。除此之外，還有開過卡車、怪手和山貓的駕駛好手，在酒店當過少爺和外頭圍事的道上兄弟，當然也有農家出身的莊稼漢，寫得一手好書法的大學肄業生，以及畫過電影看板的廣告美工，相較於這些各有一技之長的三年兵，百無一用的就數我這種大專兵。

他們的喜怒哀樂，我常一同感受分享。住在高雄大寮的蔡班，入伍前就已結婚，當兵期間他只要放假回家就努力「做人」，果然讓他拚出個女兒來，喜孜孜地帶著紅蛋回部隊，和同袍分享他初為人父的喜悅。埔里的長仔也有個同居多年的女友，甚至已認定為終身伴侶，每次聽他聊準岳家的點點滴滴，總是「丈人爸」、「丈母娘」講得一副幸福人生，不過後來聽說長仔退伍後反而和女友分手，娶了別人當老婆。

新竹的小吳則是個情場浪子，很有女人緣，有一天他在收假返回高雄的長途巴士上，邂逅一個在楠梓加工區上班的女工，兩人因並肩而坐，假寐中透過勾勾手、聊聊天，竟然就天雷勾動地火，第一次約會便在營區外的旅社開房間，鎮日足不出門，當晚收假後的晚點名，小吳在踏步答數時嘟囔說，「喔，夭壽，我快軟腳！凸到兩邊的跤頭趺攏磨破皮了。」

軍中人生百態，聽不完，也說不盡。和我一起報到的「同梯」是個台北下來的高職畢業生，不過大專兵是一年十個月，他則是當三年兵，兩人同梯不同命。「同梯」看起來很靈光，誰能料到竟為情所困，有一回放假，他沒回來，下部隊僅個把月就為愛逃兵，那時連上常派人四處打聽，憲兵也循線去逮人，最後發現他的蹤影時，他已不想再逃了，當場舉槍自殺，沒有留下任何遺言。

我一直待在隊部連，從來都沒有離開左營，有些記憶雖然瑣瑣碎碎，但想起來仍不免會心一笑。譬如，先鋒路上側門正對面有家理髮店，很多阿兵哥都寧可捨軍中的理髮阿婆而自掏腰包去那兒光顧，只因店裡有個年輕的美眉，她是老闆的女兒，剃個兵仔頭也不太需要什麼技巧，但軍中就是這樣，大家醉翁之意不在酒，難得有妹可把，母豬也會賽貂蟬。

這些片段、殘缺的軍旅記憶，像散落一地的水晶珠，落在眼前俯拾即是，落在角落得費勁找尋。民間俗稱「樣仔」的芒果是其中最晶瑩剔透的一顆，營區裡種最多的樹就數芒果，夏季時，樹上結果纍纍，一株又一株高懸的土樣仔，令人垂涎欲滴。連部的蔡班擔心颱風影響，不等樣仔成熟落地，就拿著竹篙鬥菜刀，搶先摘下來，然後埋在盛滿白米堆的臉盆中，再用報紙覆蓋、膠帶緊密黏貼，置放在寢室軍床底下。約莫一段時日後，悶熟的芒果即可享用，眾人在連部辦公室鋪了報紙墊底，吃得不亦樂乎。

芒果會變成我回首軍旅生涯的記憶，或許就像那跑步深植腦部底層源自當時的定格畫面一樣。關於跑步，我從剛下部隊時被連上老兵、士官猛盯，到後來前往士校受訓，回部隊揹起值星帶，領著弟兄跑五千公尺，那種感覺恍若蛹之生的蛻變，不時在往後的工作或旅行的日子裡湧現。

關於芒果，讓我忘懷不了的是在那蟬聲響震天的炎炎夏日裡，青澀澀的檨仔掛在樹梢，迎著徐徐南風，搖啊搖、晃啊晃地，像一個個懸在樹海中的綠色小水滴，也像一個個標在樂譜上的曼妙小音符。我每每想起那樣逗趣的畫面，幾個大男孩頂著陽光摘芒果，有人爬上樹，有人在樹底下，歡樂的笑聲中有著久違的童心。

我是這麼想念著，年輕時的南國歲月。那些年，左營的土檨仔高高掛，而我跑在大船邊，等待飄著芒果香的季節到來。

大頭兵遇上魔鬼連

南台灣赤焰的日頭，把水泥地曬得滾燙如火鍋，阿仁摸著剛被剃個精光的阿兵哥頭，心裡暗忖：「第一天就快熱死人，以後日子怎麼過？」環視四周的同梯弟兄，一股焦躁不安的情緒瀰漫其中，好像有什麼事就要發生。

「幹，站這麼久，夭壽熱！」有人忍不住抱怨，像是掀開沸騰的鍋蓋一樣，引來眾人騷動。雖然大家都是初來乍到，彼此不相識，但附和之聲如投石入河般盪出漣漪，阿仁也跟著點頭如搗蒜。

騷動的火苗才剛點燃，在連集合場監看的士官們已顯得不耐煩。「伏地挺身預備！」揹著值星帶又壯得像頭黑猩猩的教育班長突然發號施令，「還懷疑？」見到有人反應較慢，一位中士班長竟有如發現獵物般急奔，然後一腳飛踹過去，大聲怒斥，「操你媽的，趴不下去啊！」

阿仁試著將手掌心拱起來，但地板實在太燙了，不斷從額頭滲下的汗水，在滴到地面的剎那間就蒸發了。在三十八度高溫下的挺身動作，簡直就是人肉鐵板燒，而且撐得越久烤得越熟，有人咬牙，有人蠕動。等到回神後，不少人雙手已起了水泡。那是阿仁入伍第一天，從一片哀嚎聲中揭開序幕。

一九八七年仲夏，阿仁在屏東內埔龍泉村，接受海軍陸戰隊的新兵訓練。從報到首日連集合場的震撼教育，不難想見當時受訓之嚴厲，不過，那年頭當兵誰會在乎軍中人權，「合理的要求是訓練，不合理的要求是磨練」，在「不怕苦、不怕難、不怕死」的陸戰隊精神中，「像魔鬼般的訓練」更是天經地義。

「魔」練進入第三周之後，阿仁逐漸克服體力和意志的嚴酷考驗，他寫了一封信回家鄉，給當兵前常去的一家體育用品店老闆報平安。在信裡，阿仁寫道，「這裡像是魔鬼連，每天好像都有做不完的伏地挺身、仰臥起坐……。」他原本是想藉此形容自己受訓的艱辛程度，但誰曉得，這段話卻是踩了一個大地雷。

隔天上午，全連集合，連輔導長率先數落一些經由軍中郵檢發現問題的信件，阿仁也列名其中，他不僅被批評思想有問題，還被視為詆毀連隊名譽，「有人寫信指我們這裡是魔鬼連，你們說，這是不是醜化國軍形象、打擊國軍士氣？」幾個班長聞言橫眉怒目，有人幹譙說：「是那個王八蛋，我看你要倒大楣了！」一副要將阿仁生吞活剝的模樣。

前面幾個被點名的新兵，有的當場被砸鋼盔，有的則用槍托往胸口招呼。輪到阿仁時，一個長得凶神惡煞似的班長站出來宣判罪狀，開口大罵：「我看你一定是台獨分子，和美麗島事件那些人有親戚關係，你叔叔若不是施明德，姑姑就是許榮淑！」阿仁說，當時他心想完蛋了，這下子肯定會被修理得很慘。

不過，幸運的是阿仁沒有當場挨揍，而是換來天天在連隊的中山堂「面鏡思過」。有時，他睜開雙眼，以立正之姿緊貼著整容鏡，從鼻子到腳尖都得碰觸鏡面；有時，他被罰在鏡前半蹲，一副碗筷分別置於頭頂與肩膀兩側，不得掉落。顯然連上長官對「台獨分子」有特殊招式，要阿仁每天中午在鏡子裡悔過。

那是阿仁在新訓中心最難熬的日子，但受屈辱的不是只有他一人。譬如，中午新兵用餐若發出聲響，馬上就有班長恫嚇說，「是不是吃得不高興」，接下來不是被要求端著餐盤站在板凳上，就是被罰不得拿筷子而如小狗般低頭舔食，與他們的狼狽狀況相比，阿仁的處境似乎還算好。有些人更慘，僅因小過小錯就在餐廳門口被罰伏地挺身，把才剛下肚的午餐全給吐出來。

但，新兵生活也不盡然都是難以回首的悲慘記憶。在新訓中心，做什麼事都要集體行動，洗澡也不例外。傍晚時分吃過飯後，得在連集合場一起更換衣物，各班將汗衫和黃埔大內褲分別用草繩串聯送洗，然後翌日洗淨再送回來。儘管已經標明班別，但往往甲班拿了乙班，丙連送到丁連，搞到後來，「衫甲褲」分不清，大家內衫黑白穿、內褲青菜配。

阿仁印象最深刻的新兵趣聞，就是發生在連集合場集體換內衣褲的那一幕。那天弟兄們心情格外興奮，現場亂成一團，惹得值星班長發飆，當大家剛脫光準備換上乾淨衣褲時，魔鬼士官長一聲令下「伏地挺身預備」，只見一百八十個菜鳥一絲不掛地臥趴在集合場。

「你能想像那月光灑在一百八十多張屁股上的畫面嗎？」阿仁說，一百多個大男孩成矩陣排列，每個人的老二在水泥地上磨蹭，撐了半天，有人凍未條笑場了。他心想，能和這麼多男人袒裎相對「插地為盟」的感覺，大概是這輩子絕無僅有的生命經驗。

然而，魔鬼連快結訓前卻發生一齣令人料想不到的悲劇。那年十月下旬，琳恩颱風襲台，營區裡滿目瘡痍，阿仁他們連隊被分派清掃老舊營舍，有位同袍因連夜加班拆牆，在燈光視線不佳的情況下，竟被突然傾倒的危牆壓垮。阿仁說，這個意外罹難的同袍壯得像條牛，曾是足球國手，體能是全連第一，每次跑步測驗可以一人拉兩個跑。

出事那晚，全連弟兄都被召集了，平時操幹落譙的班長哭喪著臉，一位負責帶隊的士官衝出來哽咽地喊道：「怎麼辦？連背部都壓彎了，快點找人救啊！」連上長官個個慌亂不已，有的神色凝重，有的表情哀戚，營區刺眼的探照燈打在他們落寞的身上，阿仁那時候覺得原來魔鬼也是人，甚至比他們口中的「台獨分子」還脆弱。

前足球國手之死，震撼了新訓中心，營部將他報請因公殉職，盼能入祀忠烈祠，而他也等於救了整個連上弟兄，所有連隊幹部像鬥敗公雞，不再疾言厲色，變得和顏悅色，魔鬼連一下子成了天使連。

這是阿仁下部隊時講給我聽的故事，他是我軍中同梯，他們那個連原本就是出了名的操，尤其是在死了一個人轟動龍泉的新訓中心之後，幾乎全梯次的弟兄都聽聞了這件事，想來人生的幸與不幸，有時還真得，看運氣。

阿仁後來退伍出社會工作，真的遇到了施明德，也碰見許榮淑。據說，他還笑著跟對方攀親帶故，不過就是沒提當年那封信，那封半路就被攔截還差點讓他被打成台獨同路人的信。

我倒是時常想起那看似詼諧卻又充滿陽剛味的逗趣畫面，「月娘光光照尻川」，風吹微微，一股涼意直沁肚臍孔，那一晚，誰家男孩不「屌」兒郎當啊！

二月恆春美麗島

我在夜行的巴士上，車內一片暗黑，身邊都是沉睡的旅人，前方的小螢幕正在播放一部愛情電影，但沒有聲音，像默片般兀自流轉，從車窗玻璃反射的畫面不斷切換，給人一種蒙太奇的幻覺。

巴布狄倫的*Blowing in the wind*響在耳畔，那是李雙澤的歌聲，一九七七年他在淡水海邊捨生救人之前的原聲收錄。我戴著耳機閉目假寐，靜靜地回味那隨風而逝的淡淡傷悲，墜入無邊無際的記憶黑洞裡……。

一九八七年二月，我在《自立晚報》的實習已近尾聲，因為桃園機場事件[1]、鹿港反杜邦運動[2]等一連串新聞事件而萌生想要參與社會改革的念頭，像個燃燒的動力火車，催促著我去尋找下一個出口。透過當時在副刊任職的劉克襄引薦，我跑到位於臨沂街的《新環境雜誌》幫忙，在那裡，我認識了做田野調查的楊渡、李疾，還有剛出道的攝影侯聰慧，以及學者柴松林、馬以工等人。

年輕的正義感讓我充滿好奇心，愛抱著問題意識看事情。我雖然只是一個在編務中協助校對工作的學生，但，面對八〇年代風起雲湧的反公害運動，卻總有一股想要趕赴現場直擊的衝動。就這樣，我像個小跟班，成天跟著楊渡、李疾他們進進出出，對我而言，課堂遠不如雜誌社來得吸引人，走上街頭成了心中的渴望。

忘了是誰的座位，有一天我在他的案頭上看見一句話，字跡工整地寫著「向土地與人民學習」，這句出自馬克思的左派口號深深地打動了我，不僅影響我日後走向新聞工作，還成為我念茲在茲的工作信念。

在《新環境雜誌》幫忙校對文稿的日子，形同為我打開一扇看見台灣公害問題的環境之窗，從新竹李長榮化工事件[3]到台中三晃農藥汙染[4]，我在字裡行間逐漸認識受傷的土地。也因為拜校對稿件之賜，我知道曾擔任新竹公害防治協會創會理事長的清大統計系教授黃提源，與東海大學生物系教授林俊義、台大物理系教授張國龍同被視為是學界反核的三大急先鋒。

一九八七年三月二十六日，新環境雜誌社和人間雜誌聯手在恆春舉辦「從三浬島到南灣」的反核說明會，我跟著雜誌社的夥伴一起南下，行前先在高雄停留一晚。記憶裡，那天晚上的聚會是為了討論翌日的反核遊行，一群人對各種可能的狀況做了沙盤推演，而我只是拿香跟著拜，杵在一旁聽。

會議開完後，大家聚在一起閒聊，有人開了頭唱起歌來，倚著窗邊的劉一德彈吉他伴奏，眾人也跟著引吭高歌，現場頓時湧現一股欲慷慨赴義的亢奮情緒。那是個還在戒嚴的年代，走上街頭仍是一大禁忌，我身在其中，望著這一幕竟有些許的激動，彷彿即將迎接革命的到來。

隔天抵達恆春，落腳在《人間》資深攝影記者關曉榮的家，那是他任教於恆春國中的太太的宿舍，一棟日式建築的平房。白天所有的工作人員都外出忙碌，唯獨我留守在家當接線生，但是等到每個人都離開後，對於被分配「顧厝」這件事，我卻覺得無所事事，躺在榻榻米上看著窗外，午後陽光落在有棵大樹的院子，心裡嚷著「無聊」。

一通電話鈴聲劃破了寂靜，將正在發呆的我拉回現實。那是一通從南區警備總部打進來的電話，對方指名要找楊渡。「他們都不在家」，我故作鎮定的回答，「你們有多少人從台北下來？」話筒一端開始盤問，不過，他問道於盲，因為我根本不清楚狀況，只能胡說八道一番，雙方對話有點雞同鴨講。

警總來電調查，卻遇到了一個啥米都嘸知的少年家，想必他們也很傷腦筋。其實他們是打算「約談」主辦人，傍晚大家陸續回來，我報告了老大哥來電一事，有人幹譙也有人稱讚我應變得宜。晚間，我們依照計畫兵分兩路，一路在恆春國中舉辦說明會，另一路在夜市街頭發傳單、拉布條。

那個年頭的南台灣民風純樸，民情也保守，恆春人不曾看過群眾運動，更不要說走上街頭了。然而，一九八六年的車諾比核電廠事故，卻促使反核團體的意志更加堅定，選擇核三廠所在的恆春，即是行動決心的展現。

入夜後的恆春老街，因為這場反核聚會而騷動不已，一群教授、文化人和社運工作者拉起「要孩子不要核子」的抗議布條，人人手持一炷清香象徵祈福，恆春民眾有的觀望，有的豎起大拇指讚聲，也有人勇敢地加入遊行的行列。

張國龍、柴松林和人間雜誌社長陳映真走在最前頭，拿著擴音器的是姚

要孩子不要核子
要孩子不要核子

國建，幾年後，他成了郝柏村當行政院長時宣示要掃蕩的社運流氓。我當時就站在恆春街頭幫忙舉布條，四周滿布的情治人員用相機逐一蒐證，雜誌社的美編彩蘋姊見狀，突然一把搶走我手中的布條，然後笑著跟我說，「你還在念書，不要拿！」

我先是一陣錯愕，旋即為這街頭的情義而感動。彩蘋姊是體貼的，她擔心我的學生身分曝光會畢不了業。我想起多年後，獲悉她嫁給前立委蔡式淵的喜訊，真心為她感到高興，也難忘當年在恆春老街上照顧小老弟的俠情之舉。

那是我第一次走上街頭，當然也是第一次參加反核運動，距離李雙澤改編自女詩人陳秀喜詩作的〈美麗島〉已有十年，那晚在高雄唱的歌曲中，好像就有〈美麗島〉，因為那是屬於那個年代的歌，每當我在採訪街頭運動或者參加反核遊行時，耳畔總是響起讚詠這塊土地的聲音。

夜行的巴士一路南行，我聽著〈敬！李雙澤唱自己的歌〉的專輯，楊祖珺和胡德夫合唱的〈美麗島〉：「我們搖籃的美麗島，是母親溫暖的懷抱；驕傲的祖先們正視著，正視著我們的腳步。他們一再重複地叮嚀，不要忘記，不要忘記；他們一再重複地叮嚀，篳路藍縷，以啟山林……。」

那歌聲是如此熟悉，一種搖曳在母親懷裡的感覺，我聽著聽著不禁落下淚來。

---

1 桃園機場事件：一九八六年民進黨成立，流亡海外的許信良欲返台，數千群眾前往接機，與軍警爆發激烈衝突，甚至出動直昇機、坦克與消防水車，雙方對峙長達十小時。

2 鹿港反杜邦運動：一九八六年三月，彰化發起萬人連署反美國杜邦公司設廠行動，引發全國響應串連，成為成為台灣首件環保抗爭導致外商終止投資計畫的事件。

3 新竹李長榮化工事件：設於新竹的李長榮化工廠長期汙染當地空氣、水源，一九八六年地方居民與清大、交大和新竹師院教授發起抗爭行動，抗爭持續了四百五十天，終於迫使李長榮化工廠停工。

4 台中三晃農藥汙染：一九八五年六月，台中縣大里鄉反對三晃農藥廠汙染的鄉民，以闖入工廠的直接抗議行動，最終成功迫使農藥廠關廠。

黎明前的黑夜

坐在駕駛座旁，我整個人繃緊神經，雙腳伸直往前，手握車窗扶把，以一種宛如F1賽車手的專注模樣，卻又像是搭乘雲霄飛車般的忐忑心情，看著從前方飛逝或由側邊不斷跳躍而過的畫面。

這是由屏東市區開往枋寮方向的路途，為了趕赴下午的公辦政見會，BMW以平均時速破百的車速一路狂飆。剛奉派南下採訪的我，才抵達屏東就接受一場震撼教育，搭上一輛恍若電影《終極殺陣》裡的瘋狂計程車，在狹窄的產業道路上體驗如坐針氈的感受。

然而，誰能想到鄉間小路的極速飆車只是一個暖身罷了，比這更具感官刺激的黑色動作片還在後頭。

「你等一下看就知道，雖然輸人不輸陣，但對方搰人是用遊覽車一車一車載來。」我望著身旁同行的幾個年輕人，以為自己是和一群田庄兄哥作夥，但他的口吻讓我感覺很像是要拖堵相殺，彷彿是眾人約定在緊鄰學校旁的廟埕前要拚輸贏。素昧平生的少年家講得稀鬆平常，我的腎上腺素卻早已跟著升高。

直到他們現身後，我才真正體會雙方實力懸殊的程度。人家是叼根菸、嚼檳榔，腳穿白布鞋、身著短汗衫，一副道上兄弟的基本打扮，身上刺龍紋鳳不說，有的走起路來還三七步，面露凶光、殺氣騰騰。講白了，對方是職業的，我們根本就是業餘的。

警方聞訊已經在現場坐鎮，演講會場前的保警部署呈現T字形，藉以隔離敵對陣營。先上場發表政見的是爭取連任的屏東縣長蘇貞昌，他一上台只講了「各位鄉親……」話語未落，底下的少年仔隨即開罵，「幹伊娘，聽沒啦！」「講啥肖仔，下來！」五、六個字的台罵此起彼落，看得我這個都市來的飼料雞目瞪口呆。

那是一九九三年十一月下旬的屏東縣長選舉，昔日聊備一格的公辦政見會，竟然到處「黑影幢幢」。在車城有人暗夜亮刀，在萬丹出現流血衝突，外地人要詢問公辦政見會地點，換來「跟著鎮暴車走就對了」的荒謬答案，柑仔店的老闆還潑冷水地說：「你們還敢去聽，不怕被人拿鐵椅敲頭殼。」

面對情緒亢奮的鬥雞，飼料雞通常是靠邊站的份，即使是同伴被恐嚇，也只能緘默以對。一位晚報同業因為將現場報導得太翔實，隔天收到地方的善意勸告，台北總社也擔心他的安危，隨即下令提前收隊，借來的摩托車還來不及歸還，立刻連夜搭車返北。

當時在採訪現場的我，寫了一篇〈選戰風雲黑色篇〉的報導，南台灣的激烈選情，遠遠超乎台北政壇的想像，住在萬丹鄉的吳先生受訪時說，「天公伯有在看」，他堅信因黑道暴力介入選舉而變調的民主政治，終有撥雲見日的一天。

一年後的「黑色屏東」，終於出大代誌。

一九九四年十二月十三日清晨六點多，潮州鎮的地方角頭鍾源峰，在自家門口被屏東縣議長鄭太吉率幫眾，當著鍾母的面前連開十七槍，當場斃命。這起議長殺人命案震撼全國，但起初新聞只見諸地方版面，所有媒體懼於鄭太吉的黨政勢力，對其姓名隻字未提。

鄭太吉殺人那天夜裡喝得醉茫茫，雖然他和鍾源峰是從小一起穿開襠褲長大的哥兒們，但為了賭場利益卻翻臉不認人，進而在賭場開張當天親自槍決兒時玩伴。據說，命案發生後，鍾源峰的母親向潮州分局報案，當天上午八點多檢察官黃朝貴就到喪宅相驗，鍾母還帶著媳婦下跪懇求逮捕現行犯。

但鄭太吉當時並非等閒之輩，檢察官手持搜索票到他的住所搜查，竟驚動縣長伍澤元、縣黨部主委華加志及前監委陳恆盛等人趕抵鄭宅關切。

光天化日之下殺人，已引起地方議論，更何況一場黑道大火併有如箭在弦上。刑事局重案組因獲悉有黑道分子不甘鍾源峰被殺，欲集結槍械南下復仇，警方遂刻意釋出某政壇重量級人士涉案的訊息給報社。但問題來了，就像《伊索寓言》老鼠討論對付貓老大一樣，該由誰來掛這個鈴鐺呢？

為了翌日《中國時報》頭版的獨家新聞，我打了兩通電話給兩個姓「蘇」的屏東政治人物，一個是時任民進黨祕書長的前縣長蘇貞昌，另一個是民進黨立委蘇嘉全。兩蘇都回答我，「太吉殺人，那是整個屏東人都知道的事」，但考量家人、親戚乃至樁腳的人身安全，他們有無法具名的難言之隱。

最後鼓起勇氣向惡貓掛鈴鐺的是綽號「菜脯」的民進黨立委蔡式淵，他利用立法院國是論壇的機會，公布鄭太吉涉案，使得鍾源峰槍擊命案急轉直下。那一天，我打電話給「蔡脯」採訪他為何決定跳出來的原委，有一番至今仍在心中迴盪不已的對話。

那時的蔡式淵，半年前甫遭逢喪妻之痛，為了自我療傷，生命有了很大的轉折。他告訴我，有檢警單位透露說幾乎快辦不下去的壓力，促使他決定扮演點名者的角色。「我已將兒子安排在朋友家裡，請他們代為照顧。我每天從立法院回家的路也都會改變」，蔡式淵說，「以前黨外前輩郭雨新曾勸告我們，在台灣談起黑道，千萬不要指名道姓。但我並不後悔！」

其實，「託孤」的舉動已說明蔡式淵的決定是經過深思熟慮，不是僅憑靠道德勇氣而已。他說：「這是一個藉由民氣切斷黑道涉入政治的契機，畢竟假使連黑道都可以支配公權力，那麼台灣將淪落至萬劫不復的地步。」勇哉斯言，因為一個義無反顧的國會之聲，讓漫長黑夜盼來了黎明。

跑了二十幾年的政治新聞，蔡式淵那次發聲無疑是國是論壇對台灣社會的唯一貢獻。後來我逐漸拼湊出從縣長選舉到爆發議長殺人案的「鄭太吉事件簿」，明瞭那一頁「黑色屏東史」，不僅曾讓黑珍珠的故鄉蒙羞，也見證了不堪聞問的黑金政治。

現在想起來，一九九四年的冬天，還真有那麼一點點熱血，好像天公伯真的很眷顧屏東人，讓公道重見天日。

那個捲起時代的背影

不知怎麼地，每到冬天，總是想起選舉。宣傳車繞著大街小巷賣力地放送，政見發表會場鬧熱滾滾，在造勢場合裡擲骰子、打香腸，聽台上講得嘴角全波，一整個眾聲喧譁的老派年代。

那時年輕、好奇，對許多事充滿疑惑，跑選舉場有點像追星一樣，去找尋課堂裡聽不到的聲音。選舉場視人氣指數分等級，口才好、具有群眾魅力屬A咖，若是政治演藝圈的天王擔綱主秀，不僅場內激情亢奮、熱血澎湃，就連場外也是攤販雲集、人聲鼎沸，逛起選舉場有時還真像庄腳人作醮大拜拜。

一九八六年十二月，我在金華國中聽老康演講，同行的還有阿全、森仔和小湯。四個人裡頭，只有阿全和我最熱中跑選舉場，距離增額立委選舉投票日只剩一個禮拜，經常搜集馬路選情的阿全研判，謝長廷聲勢日漲，東山再起的康寧祥則頻頻告急，他的結論是：「長仔應該過關了，咱們去給老康送點溫暖！」

也不過數日前，許信良闖關引爆警民衝突的桃園機場事件，讓我們在下課後議論不已，一份有別於其他主流媒體的晚報內容，在死黨之間熱烈傳閱。我還依稀記得，那個頭版報紙被小心翼翼地收藏，像掩著一顆嚮往自由而躁動不安的心，一股追求真相、渴望真理的動力，如火爐添薪般在背後不斷地催促狂狷的腳步向前。

我想起有一年上「國父思想」發生的插曲，老師要全班依課程進度做分組報告，結果被拱上台報告的我，在講述孫文的民權主義時誤踩地雷，意外地引起一場風波。就在口頭報告快結束時，我突然話鋒一轉談及一九七九年的「美麗島事件」，「過去這起事件被視為台獨分子對警方發動暴力攻擊，但我聽過另外一種不同的聲音，那是一種陰謀論的說法，他們宣稱可能是執政黨自導自演……。」

結果，我語未畢，立馬有同學反擊，「我不能接受這種偏激的講法，我們的社會有充分的言論自由但不代表可以容忍暴力，你不想想，現在你能站在這個講台上發言，難道還不夠自由？」講話的是父親在警總任職的二小姐，她說到激動處已聲淚俱下；從憲兵退伍的老李也起身附和，「我當兵時的同梯就在現場，他被暴民毆打成傷，這是千真萬確的事。不是還有報導，一個花蓮婦人跪求那些暴民別打人了嗎？」高頭大馬的老李義正辭嚴地批判說。剎那間，一場單純的課堂報告成了聲討大會。

教室裡一片肅靜，同學們面面相覷，當年還在台師大兼課但教學頗為開明的老師見狀出面緩頰。他說，「各位同學，今天在教室的發言純屬學術討論，待會出了這個門就不需要對外說了。」阿全在底下一副顯得幸災樂禍的模樣，然後跟小葉使眼色，下課後，他老兄開玩笑說：「昌仔，我看你代誌大條了，十分鐘後，校門口就會有一輛黑頭車在等你。」一旁的死黨聞言戲稱，以後得去龜山探你的監。

即使畢業多年，國思課堂上這一幕像定格的電影黑膠畫面，仍不時盤旋在我腦海裡，我依然和阿全持續騎著機車去追星。那個年代有號稱「黨外三劍客」的謝長廷、陳水扁和林正杰，一九八五年先是九月「街頭小霸王」林正杰的坐監惜別活動，繼之是年底的縣市長及省市議員選舉。對還在校園念書的我而言，這一門在街頭親身體驗的民主政治學分，實在比教室裡枯燥乏味的政治學教科書有趣多了。

那晚選擇老康的演講場雖然是阿全的提議，但其實也是我心裡所想的。我們沒有跑到板橋去聽「白毛仔」尤清開講，也沒有去大龍峒看被稱為「沙西米刀」的謝長廷解剖國民黨的場子，卻相招來到公教大本營所在的明星國中，傾聽一個政壇老將喊出「最後一戰」的悲壯心聲。我承認，那多少帶有些許的同情。

康寧祥是在一九七二年即當選增額立委，對我來說，他幾乎是和我家鄉的派系掌門人張啟仲同世代的人。記憶裡的「啟仲仙」長得一副仙風道骨的模樣，那時我讀市區的忠孝國小，每天放學經過校門口，望著電線桿上的競選海報，總會看到「啟仲仙」慈眉善目地跟我打招呼，偶爾我還去找尋另一張神情很像外公來自農村的容顏，那是彰化的無黨籍候選人黃順興。

一九八三年老康因黨外批康運動而落敗，我已從高中畢業，美麗島事件掀起的旋風席捲全台，在中國醫藥學院附醫擔任住院醫師的大舅，專程跑到台北縣三重埔聽方素敏演講。他回來後轉述現場人山人海，形容支持者熱情難擋，散場後，有志工捧著募款箱，四周人擠人都擠得水洩不通、寸步難行，有些捐款民眾擠不進去，乾脆把錢往志工身上扔。

再過三年，老康捲土重來。儘管大舅當年的現場目擊歷歷在目，美麗島家屬和辯護律師群的吸票實力驚人，但我卻很期待老康能重返國會。一方面，那是因為機場事件的發酵使然，讓人對於剛衝破組黨藩籬的黨外勢力有所期待；另一方面，加油工出身的他，被我和阿全視為「英雄不怕出身低」的典範，一種愛屋及烏之心油然而生。

然而，金華國中那一晚，老康講了哪些話，我卻早已忘了，只記得心底隱然浮現一種「後浪推前浪」的唏噓之感。他的演講還是維持一貫沙啞低沉的嗓音，十二月的夜晚，天很冷，但十二月的人間，心卻很熱。這場選前之夜到快要結束時，老康站在台上深深地一鞠躬，人群中爆出熱烈的加油聲，然後直接將正要步下講台的老康抬起來，隨即簇擁著一路振臂呼喊「當選」，像扛神轎般往學校大門口吆喝衝過去。我們四人被擠在後頭，望著老康宛若勝利者的身影，心情竟也跟著湧現莫名的激動。

那是我最後一次看到「候選人康寧祥」，此後，我還經歷過「首都早報創辦人」、「國防部副部長」和「國安會祕書長」等各種身分的康寧祥，但卻都沒有那晚的老康來得深刻。從某個角度來看，我覺得金華國中那晚被群眾抬起來的老康，其實是抱著破釜沉舟的心情在告別自己的選舉舞台，而支持者也真誠地回應了他的謝幕。

扁政府下台後，老康徹徹底底地從政壇引退了。二〇一三年的夏天，我在回報社的板南線捷運上看見一個滿頭白髮的老者，他就坐在我對面，手裡捧著一本《時代雜誌》（*Times*），當鄰座的年輕人低頭滑手機時，他是戴著老花眼鏡閱讀最新的國際形勢。我仔細端詳一下，確定那是多年不見的老康。

我最終還是沒有趨前喚他，列車抵達龍山寺之後，我們都同時起身，老康取下眼鏡、捲起手中的雜誌，在沒有人識得的情況下，以一種充滿自信的穩健步伐走出閘口、上電梯，而我只是遠遠地望著他逐漸離去的背影。

教堂旁邊的福音

油畫裡有一座教堂，那是頂著十字架的哥德式建築，或許年少懷春的心思不在於此，所以教堂似有若無，以一種大隱於市的姿態藏在花街柳巷。一位新聞界的老師傅很喜歡用「妓女戶旁邊蓋教堂」嘲諷時局，有一回寫評論我東施效顰，將妓女和教堂的對比入題，行文間不經意地想起三十年前的城市映象。

那時，從我就讀的省中走到育才街的補習班，總是會經過一條「春色無邊」的街衢，就在圳溝邊一整排的水泥房，錯落之間還有加蓋的鐵皮屋，以及年代久遠的木造日式宿舍。那些斑駁老舊的房子總有一盞紅燈懸掛室內，傍晚時分點亮後，屋屋相連，燈燈映照，在柳川畔透著些許迷濛奇幻的氛圍。

除非繞道走太平路，否則年少要走過那條紅燈街，往往得結伴同行。因為若是獨自一人落單，很難不用眼角餘光偷看圳溝旁的矮房動靜，還有倚著河邊掛得很誇張的內衣、胸罩。更叫人舉手投足不知所措的是和靠著門扉濃妝豔抹的女子雙目交視，在那匆匆行過時彷彿看見她輕蔑促狹的性感眼神，或是聽到充滿戲謔口吻的情挑召喚。

那是民國七〇年代的台中「大湖仔」，除了後車站國際戲院的暗巷豔名遠播之外，想要買春找樂子的男人，多半就往這鄰近中華路、公園路夜市的知名風化跑。那條紅燈街就叫「福音街」，人們常說有性就有賭，而且有奶頭必然出拳頭，根本是放之四海皆準的叢林法則。為了娼妓與賭場的龐大利益，幫派圍事、暴力衝突無所不在，這如同「色」字頭上一把刀的道理，「利」字旁那把刀更是赤裸裸地被道上兄弟帶在身邊。

我們那個年代的福音街是頗為神祕的。不僅龍蛇雜處，而且經常刀光劍影。最有名的是在地「大湖仔幫」與「十三鷹」的恩恩怨怨，他們就像黑幫電影常見的情節，雙方人馬為了爭奪地盤而狹路相逢，兩邊率眾圍堵、廝殺不斷。我們念書那幾年，據說腥風血雨，大湖仔幫派人生擒了十三鷹的幫主，然後剁了手腳，再圍剿幫眾，趁勢坐大。後來風水輪流轉，大湖仔幫幫主竟遭外省掛的竹聯幫殺手劉煥榮暗殺，緊接著就是一清專案。

這些真實故事簡直比電影《艋舺》還精彩，多年後，我在台中跑省政新聞，出身大湖仔幫的創幫元老「憨面」娶媳婦，在七期重劃區席開數百桌，不但南北二路的兄弟齊聚一堂，時任台灣省長的宋楚瑜還帶領一票省府官員去捧場，在海線喊水會結凍的省議員「冬瓜標」，也特地包了一個五十萬元的大紅包。「憨面大仔」不久前病逝，有人說，憨面不僅是中部地區最大尾的流氓，也可以說是江湖上一言九鼎的公道伯，被視為少數具有黑道仲裁者地位的影響力。出面為大老張羅後事的「飛虎民」，堪稱台中舉足輕重的大哥大，他的妻子是以前知名影星華真真。

位在福音街旁、興中街上那座紅磚砌成的哥德式教堂就是柳原教會，那是台中地區最古老的教會，現已被市府列為歷史建築的教堂，建於一九一二年、日治大正年間。年長後，我看導演吳宇森的電影，教堂、白鴿和槍戰是暴力美學缺一不可的基本元素，那時我總是連結到家鄉記憶，一樣有教堂，也有黑幫和娼妓，若再加上中華路的夜市人生，我發覺自己青春年少經常晃蕩的街道，其實三不五時都在上演熱血拚搏、情義交戰的故事。

不過，我終究無膽混江湖，即便是面對倚門賣笑的娼妓，也從沒有敢於趨前一窺究竟的勇氣。然而，任何一個十八歲的少年兄，不管他是否血氣方剛、精力旺盛，抑或者是文弱蒼白、個性很宅，那心裡難免隱藏著一股對性感美女的衝動，乃至對青春肉體的好奇。如果有一天，有個少年兄遇見娼妓，他們會碰撞出什麼火花呢？

我的高中同窗阿榮幫我完成了這個想望，他是同學中唯一敢去福音街進行人生大冒險的少年兄。但天曉得，這個冒險的動力來自同儕間半開玩笑的打賭，而阿榮卻發揮田庄鐵牛的精神，勇闖福音街，挑戰大湖仔的姊妹們。

阿榮從福音街征戰回來，隔天就跟我們報告他的冒險心得。「伊問我吃啥米頭路，我講自己是做工。」漢草壯得像一頭牛的阿榮，乍看之下真的很像喝保力達B的勞工朋友，他不像當油漆工的「羊仔」瘦得跟竹竿沒兩樣。「結果一上場就穿幫了，有夠漏氣。伊問我是不是第一次？」阿榮說得很羞澀，大概他粗枝大葉，不得其門而入，兩三下就被看破手腳，只好點頭稱是。

「然後呢？」我們隨即追問。阿榮支吾其詞地說，「做完後，那個阿姨很大方地包了一個紅包乎我。」阿榮因為力不從心，提槍上陣卻死在灘頭前，閱人無數而且年紀大到可以叫阿姨的女人，當場識破他還在學的身分，像是一位誨人不倦的麻辣女教師說，「下次來，阿姨再教你！」記憶裡只有那麼一次，阿榮從此沒再去找阿姨，我猜想這可能和他的自信心大受打擊有關。

一九八九年退伍後，我在地方跑新聞，生平第一次出國就是和媒體同業組團去菲律賓旅遊。那一次旅行，有人醉翁之意不在酒，擺明就是要來尋芳問柳，有一晚大夥結伴去宿霧的紅燈區閒逛，當地的地陪領眾人進了一家妓院，那一盞熟悉的紅燈赫然在眼前，鶯鶯燕燕各自手持一個威士忌酒杯，杯中點了根蠟燭，在燈芯搖曳的光線中，我這才第一次體會了逛窯子的感覺，還有阿榮當年單刀赴會的心情。

環肥燕瘦一字排開，然後堆著僵硬的笑臉待價而沽，我覺得自己比阿榮更沒有冒險的勇氣。那讓我想起慘綠少年的記憶，在走過福音街時，與我對望的一張張歷盡滄桑的女子容顏。我想我真的不是那塊料，跟同伴胡謅說沒有一個我喜歡之後，我轉身推了門離開那裡，準備招呼一輛花車回飯店，一抬頭卻發現教堂就在旁邊。

那是一間天主教堂，就在對街，無論誰進出妓院，都不可能沒看到，可我剛才怎麼沒看見呢？

「教堂與妓院」的記憶一直伴隨著我，即使後來去了南非，到過巴拉圭，在那馬不停蹄的隨團採訪過程中，每一次有人脫隊逛紅燈區甚至堂而皇之去買春，像電影般的成長記憶總是無所不在。

我因而如此天馬行空地想著，難道這世間，有娼妓的地方就有教堂，那是情欲的解放，也是人性的救贖，不但神父與神女同在，就連向天父的告解與性愛的告白都在那一線之隔。

素月的楓葉情

遊覽車裡，同學們多半睡得東倒西歪，那趟畢業旅行是大家第一次出遠門，離開台中到外地去。以前的小學遠足頂多只到台中公園的湖心亭划船，或者是去豐原市區參觀綠油精工廠，一九七七年的夏天，高速公路還沒全線通車，爸爸剛買了一輛國產裕隆的柴油車，小學旅行的足跡能夠到南投鹿谷的溪頭，已經心滿意足了。

回程的山路蜿蜒，搖搖晃晃，不知誰開了頭，素月抓起車上麥克風，以一種歌星應歌迷要求獻唱的開場架式說：「好吧！我就來唱一首歌給大家聽。」聲音聽似無奈，但她清清嗓音，緩緩地唱出：「一年容易又秋天，又見到楓葉一片片，你那紅紅的笑臉，要比楓葉還更嬌豔，叫我對你又愛又憐⋯⋯」

那年我十二歲讀小六，第一次聽到鳳飛飛的〈楓葉情〉。左側臉頰笑起來總有一個甜蜜小酒窩的素月是我們的班長，她住在楓樹里，當年那還是有著竹林、野溪和稻田交織的農村，平常恰北北的她突然溫柔地唱起帽子歌后的情歌，讓一群小男生渾身不自在，有人大呼小叫，有人扮起鬼臉。但素月哪會在乎這些小屁孩的干擾，她唱得如泣如訴、渾然忘我，簡直就像「五燈獎」歌唱節目中一鳴驚人的天籟美少女。

我故意假寐聆聽素月的歌聲，閉著眼睛無疑是最好的偽裝，但我完全不知道她唱的是什麼歌，更不要說歌詞寫著什麼愛啊、纏綿啦的虛幻意境。對當時還只懂得玩紙牌、打彈珠、捉弄女生，在泥巴田中抓青蛙、焢土窯的男孩而言，怎會知曉這些人世間的情愛，何況素月千迴百轉的情歌演唱，對當時的小小心靈根本是一種「震撼教育」。

一九七六年海山唱片出版由鳳飛飛主唱的電影原聲帶〈楓葉情〉專輯，狂賣六、七十萬張，但我有眼不識泰山，對於素月在畢旅途中唱的這首歌，竟喃喃自語地說：「這是啥米歌啦！」後來念中學期間，每逢夜闌人靜，我追著余光主持的西洋流行音樂節目聽，熟悉全美告示牌排行榜上的暢銷歌曲。在那個挑燈夜讀的歲月裡，不僅鳳飛飛是陌生的，就連總是披著一條白色圍巾紅透半邊天的歌星劉文正，都像天邊星星般的遙遠。

當年在聯考大海中奮力泅泳的叛逆少年，每晚循著余光「閃亮的節奏」，從鄉村民謠、抒情、爵士、搖滾一路到龐克舞曲，不但是最美好的獨處時間，那令人沉迷的樂聲也慰藉了躁動不安的寂寞心靈。的確，相對於國內歌手，我似乎還比較熟悉木匠兄妹（Carpenters）、麥克傑克森（Michael Jackson）、肯尼羅傑斯（Kenny Rogers）、洛史都華（Rod Stewart）以及老鷹（Eagles）、阿巴（ABBA）和空中補給（Air Supply）等合唱團，因為那才是自己真正喜歡的音樂。

儘管如此，鳳飛飛的〈楓葉情〉卻一直盤旋在我腦海，比繞梁三日還要久，就好像住在裡頭不走了。那一年于櫻櫻唱中視連續劇《梨花淚》的主題曲，也是這種感覺，多年過後，我竟然還記得歌詞和旋律，有一天在中山北路的卡拉ＯＫ點唱，技驚四座，令在場的歐吉桑們刮目相看。其實，當年于櫻櫻唱得如梨花帶淚時，於我卻是無感的，但我覺得素月不一樣。〈楓葉情〉熱賣的同一年，中視戲劇當家花旦謝玲玲主演的《一縷相思情》收視率長紅，素月和死黨下課後在教室裡竊竊私語，幾個小女生熱烈討論劇中感人肺腑（那年頭還沒有「灑狗血」這個詞）、兒女情長的情節，被一旁的我不小心聽見了。

「素月原來和我是不同世界的人！」懵懂無知如我，只能自我安慰，素月會唱鳳飛飛的歌，看《婉君表妹》謝玲玲演的戲，那個年代最夯的通俗歌曲和偶像連續劇，她全都跟上流行，這讓人頗為洩氣。我原本以為那是屬於大人的世界，與我一點毫無干係，誰知道留著一頭清湯掛麵的恰查某，卻是個早熟的小大人、走在時代前面的追星族。

此後，我開始留意鳳飛飛，還有阿珠阿花伴舞的前衛歌手高凌風，風靡兩岸的「軍中情人」鄧麗君，他們像一張張標記著我成長那個年代流行文化的明星臉譜，刻在一道道生命記憶的牆上。而我就如同時下年輕人喜歡看影視新聞一樣，逐漸關注「二秦二林（秦漢、秦祥林、林青霞、林鳳嬌）」外加「餐廳、客廳、咖啡廳」三廳式組合的瓊瑤文藝片，以及海山、歌林兩大唱片分庭抗禮的電影主題曲，現在回想，他們等於早已悄悄為我打開了一扇與台灣社會同步呼吸的窗戶。

長大後，我和同學跑去參加救國團的東海岸健行，高凌風唱的〈姑娘的酒窩〉、〈冬天裡的一把火〉，自然成了我們在晚會康樂活動表演節目的素材。既然是即興演出，說來也沒什麼創意，不過是當年餐廳秀中常見模仿歌星演唱的翻版，但因為敢於裝瘋賣傻，用來在健行中把妹已綽綽有餘。

再過些年，我在台中霧峰跑新聞，某天中午傳來鄧麗君猝逝的新聞，恍惚覺得一個時代就要結束了。一群省政記者和省議員在「九龍園」餐廳喝得酒酣耳熱，隨後轉到KTV狂點小鄧的招牌歌，一首〈小城故事〉唱著唱著，竟也不勝唏噓，大夥將那一份年少聽歌如風鈴般搖曳的懷念心情遙寄泰北清邁。

二〇一四年春天，一輩子桀驁不馴的高凌風不敵血癌折磨，在舉辦出道四十週年演唱會前夕撒手人間，我傳了一則簡訊給人在印度旅行的兒子，告訴他心中相見恨晚的偉大歌手已經「Game over」了，他回了一個「No～」顯示內心的遺憾。上個學期，他選修了廣播音樂人馬世芳的課，聽到介紹特立獨行的高凌風時興奮不已，回到家裡，迫不及待地與我分享，對於那個想出用打火機唱〈冬天裡的一把火〉的點子，直說：「太屌了！」

鄧麗君、鳳飛飛、李泰祥、高凌風……，一顆顆巨星的殞落，像是要埋葬了我那漫不經心就從指尖溜過的音樂記憶。有天夜裡下了班，開車回家，細數這些曾經伴著成長的歌手、作曲家，咀嚼自己的生命歷程，發現他們的聲音、他們的歌詞跨越了好幾個世代。那既是時代流轉的記憶，也是社會變遷的見證。那些歌，不僅是唱出那個年代的集體心聲，也形塑了當下社會的發展軌跡與芸芸眾生的悲歡離合。有徬徨少年時的苦悶青春，也有愛在心裡口難開的曖昧情愫，更有帶著濃郁鄉愁的遊子情懷，以及對山川大地的深情詠嘆。

我想起鳳飛飛走的那一天，心情有些失落，在手機下載了〈楓葉情〉，透過KKBOX的放送，我彷彿又聽見素月握著麥克風，深情款款地唱著：「我們常在楓林裡流連、流連；愛在你我心裡纏綿、纏綿……」

午夜的燒酒會

一如往常，今晚「板橋大歌廳」打烊時，已是深夜兩點半。在那個曾享有「小野貓」之譽的老牌女歌星還沒有唱罷〈水悠悠〉和〈煙雨斜陽〉之前，我們各自起身整理桌面，然後隨人士農工商，打包、洗碗、刷牙、如廁，像是曲未終而人已散，沒人在乎她唱得怎麼樣，更別提身旁老愛插話的男主持人，一個總是把老歌念得比唱盤跳針還嚴重的過氣歌手。

這是「夜間部生活」的一景，很多來這裡進修的同事，只要下榻八樓的「三民大旅社」，一定都體會過這種比照「藍寶石級」的秀場消夜，彷彿當年高雄藍寶石、台中聯美等餐廳秀的場景又重現眼前。這不是青菜講講而已，細看每晚登場的卡司，你必然會同意這個說法，從〈風飛沙〉的陳盈潔、〈漂浪一生〉的方瑞娥、〈風中的玫瑰〉龍千玉到以「滅絕師太」名號在歌唱競賽講評中爆紅的黃小琥，那些昔日秀場常見有如日本演歌的實力派唱將，哪一個不是在宛如縮小版舞台的框框裡唱給你聽！

然而，有了聽歌的感覺，總得有美酒佳餚相伴。一鍋廉價排骨熬菜頭，二、三盤從「五年六班」切來的滷味小菜，外帶任君選擇的罐裝海尼根、十五年純麥威士忌和俗稱「黑金龍」的陳年金門高粱，一個四、五年級生重溫舊夢的夜晚，就這樣有了美好的開始。這總讓我想起王夢麟唱的那首〈拼宵夜〉，歌詞唱道：「一天做工做了後，三五酒仙腹度餓，走到對面小店頭，要呷燒酒你就別走」，哈，我們可不也是三五酒仙憨燒酒，從樓下的頂好超市找來一鍋熱騰騰的白菜羊肉爐，擺起下班後的龍門陣。

那是幾年前在板橋採訪辦事處的生活一景，為了安頓奉派北調總社的地方同事，當年的老東家在三民路的辦公大樓設置單身宿舍，衣櫥、桌椅、單人床一應俱全，唯一的淋浴間是由廁所內的雜物間改裝，雖然克難但也足夠應付幾個大男人的吃喝拉撒。「三民大旅社」是我們對宿舍的戲稱，白天起床後各自盥洗、覓食，然後或搭公車、或騎兩輪過橋去艋舺上班，夜晚下班後再回到旅社休息。

有一段時間，公司安排同事輪流到總社做在職訓練，那裡也成了他們臨時的落腳之處。這禮拜是高雄的大頭斌，下週是台南的啤酒志，一群四、五十歲的歐吉桑湊在一起閒來無事，總是會吆喝吃消夜，就這樣夜夜擺攤，開起同樂會，眾人話天話地話山水，不亦樂乎。而且只要酒過三巡，難免都會說起當年勇，大家彷彿掉進時光機，重提二、三十年前學生時代集體租屋的糗事趣聞。

我快畢業前一年的宿舍，位在景美的育英街，那是一棟四樓雙併公寓的頂樓，早年頂樓加蓋的建物，不但三房一廳一衛一應俱全，還有一座小花圃。說是住了四個男生，但總有室友會帶「妹妹」回來過夜，平常同學沒課時也愛往那裡串門子，育英街宿舍宛如龍門客棧，即使不是高朋滿座，眾聲喧譁也是常有的事。

客家籍的房東就住我們樓下，他在附近開西藥房，從不過問我們的生活作息，唯一會上樓的人是被室友私下喚「阿公」的厝頭家（房東）爸爸。阿公每天清晨一定到頂樓陽台巡視他種的盆栽，順便藉此察看宿舍裡的環境清潔，他有時看見一屋子的亂，便開始叨唸，「啊喲！垃圾怎麼都沒倒？」

「少年仔，菸不要㗎那麼多啦！」一邊打掃一邊念經，勤儉成性的阿公幾乎是沒掛名的舍監。

那年驪歌初唱前的某一天晚上，幾個同學群聚在宿舍開趴慶祝，學弟先是扛了一箱啤酒，喝完又下樓去超商補貨。一整晚，酒如潮水般不斷湧進，在觥籌交錯間告別茫然迷惑的大學生活，七、八個人喝得胡言亂語、東倒西歪。隔天一早，阿公上樓在客廳看見一個用啤酒罐排成的金字塔，比喪禮時送的罐頭塔還大，他像發現世界奇觀般驚呼：「夭壽喔！你們昨晚是怎麼喝的？」經他一算這座啤酒塔多達七十五罐，而這還不包括散置一旁無法堆疊的啤酒瓶。

儘管這是二十七年前的酒事，然回憶卻恍如昨日，在看似模糊殘缺之間又清楚地記得一些事、一些場景。譬如，「台北幫」的肉全、胖哥、小連、阿偉、Joe、老六和小姑媽，本來都是客棧的常客，但那天拚酒究竟去了哪些人？還有阿俊、阿田等室友是否都到齊了？我幾乎沒什麼印象，唯一還記得的就是那座緊依著牆壁像樂高一樣堆出來的啤酒罐金字塔。

窮學生寄居的客棧，不僅是同學們的臨時棲身之所，有時也得應急作為

「愛的小屋」。天生就是個Play boy的老六，最喜歡當年一個被視為性感尤物的影視紅星，經常將她當作性幻想對象。老六曾說過，「如果這輩子能夠和她做一次愛，此生就心滿意足。」皇天不負苦心人，鍥而不捨的老六真的把了一個據說和他心中女神長得很像的馬子，跑來跟阿俊商借，基於同學情誼，阿俊也真的很夠義氣，寧可流浪台北街頭，也要成全老六朝思暮想的心願。

老六為何要拜託阿俊，自然有其道理。當我在牆壁上貼著席維斯史特龍主演的《第一滴血》電影海報，而床頭邊掛著從街頭帶回來的選舉布條時，他老兄可是在房間裡煮藍山咖啡，聽洛史都華沙啞低沉的搖滾情歌。我想，可能是阿俊講究生活品味，讓老六覺得能在鋪著藍色地毯的房間談情說愛，必然是人生的一大幸福，因此雀屏中選。不過，這也是因為當年沒有摩鐵旅館，否則老六再怎麼儉腸斂肚，也一定會帶女友去見識。

阿俊慷慨借屋給老六當砲房，的確是情義相挺，但這也搞得我們都得跟著去壓馬路，因為客棧必須淨空，否則即便不是隔牆有耳，大家彼此進出時不巧撞著了也會尷尬萬分。可我就曾有那麼一回不經意地在宿舍遇見老六的馬子，結果左看右看怎麼看，都不像他口中那位風情萬千的性感女神，反倒純真可愛有如鄰家女孩。

當年的客棧曾經春風微微，今日的旅社卻宛若秋意濃濃。在高屏一帶當過特派員的清仔，有一天在「三民旅社」聊起嫁女兒的複雜心情，老淚縱橫地說：「我現在每天都還會進她房間，每一樣物品都擺得好好的，一如她嫁人前，好像她從沒離開過……」清仔講到他那個當醫生的寶貝女兒，喉嚨就像哽住了，剎那間我竟不知該如何搭腔。那是清仔第一次吐露他作為一個父親對女兒出嫁的心聲。

曾幾何時，我們都老了。幾杯黃湯下肚，講起自家的兒女情事，像凝視那晚秋時節的落葉繽紛，心裡卻總想要回頭去捕捉那早已消逝的滿山楓紅。原來時代變了，美景已不在了，午夜從電視機傳來的「台灣音樂會」，不過是一群中年男子在職場生涯驛站的集體夢囈，向璀璨青春一次又一次頻頻回首的深沉遙祭。

〈後記〉當青春已不再

關於青春的追憶，最早是從〈我那住在豬屠口的同學〉開始，因為每次一群人閒來無事練肖話時，總是把這段江湖奇談當話題，眾人聽得津津有味、放聲大笑，彷彿那「日夜雙修、工讀兩棲」的阿丁重現眼前。有一回，酒過三巡、話題再起，衝著副刊同事的建議，就這麼動筆寫下來，誰知一發不可收拾，竟然滔滔不絕地連寫了兩年多的「青春追想曲」專欄。

少年荒唐事的話匣子一打開，最感驚訝的是我阿母，最初她看完會笑說：「喔，天公伯保庇，好加在你沒有去做流氓！」後來她越看越覺得離譜，原來一直被蒙在鼓裡，打來電話消遣我：「你哪有這麼多『有空無榫』的代誌好寫？」其實我那聰明伶俐的母親老早知道她兒子沒那個能耐去闖江湖，終究曉得這個好勝叛逆的長子不過是花果山下的野猴子罷了。

然而，如果沒有阿母一輩子的佛心，我放蕩不羈的青春不可能還找得到回家的路。就像十八歲那一年，我即將離家前往梨山時她紅著眼眶說的一句話：「你們父子倆長年衝突，我是做石磨心，你敢知影？」在母子交心的對話當下，我淚崩了，「為母如石磨心」，從此鑲在生命軌跡中，叫我牢記這份慈恩。

因著母親的愛、諒解與包容，我才得以擁有一段敢於冒險的青春旅行，並且在人生過了中場之後開始追憶，進而動筆寫下家族的集體記憶、結拜兄弟的情義和初涉江湖的洗禮。

每一篇的「青春追想曲」宛如我生命成長的單格漫畫，這個月是高中死黨阿榮，下個月是國中同窗老夏，經常跑出來串場的是番仔火。每幅畫像歲月的定格，暗藏著時代的密碼，那些橫跨一九七〇至九〇年代的社會現象與群體記憶，譬如「客廳即工廠」、「餐廳秀」、「電玩小蜜蜂」、「搖滾樂與校園民歌」、「地下盜版錄影帶」、「A片性感女神」、「三冠王棒球熱」、「美麗島事件」，以及剛萌芽的反核和環保運動等。

我的青春記事當然也有屬於我們那個世代所擁有的生活體驗，包括升學主義下的苦悶壓力、軍旅生涯中的糗事趣聞，乃至愛在心裡口難開的青澀戀情等。這些看似再尋常不過的成長經歷，雖然是一般四、五年級生都曾有過的生命史，但對我而言，卻是一趟漫長又苦澀的青春之旅。不論是大學聯考、入伍當兵或是戀愛，我總是一路跌跌撞撞，未曾間歇，奮力在貧瘠的土地裡開出花朵來。

為了追想昔日的青春故事，我因而經常返鄉去尋找逐漸失落或模糊的記憶，聯繫最多的無疑是我那一群從少年時期就結拜至今的死黨，有時幾個歐吉桑重新聚在一起，聊起三十年的往事還不忘插科打諢，互相漏氣求進步。然而，當年在關老爺前義結金蘭的少年家，如今若不是兩鬢添霜、身材中廣，就是齒搖髮禿、擔心三高指數破表。我望著這群死黨，個個臉上兩道法令紋刻得出滄桑，既為家裡生計忙碌終日，也為子女前途憂心忡忡。只有重聚換來時光倒流的剎那，才讓我們深深地體會，當青春已不再時，唯有情義永流長。

也正是「情義」這兩個字，引領我從少年走到今日，屢屢在生命旅程的轉折處隱隱地觸動著心底那根弦。畢業典禮前，那次面對教務主任凶狠的拳頭，寧可挨揍也不能出賣同伴；及至北上求學，遇見素昧平生的阿伯載我去國術館療傷，讓我想起父執輩出身黑手的辛酸。我常覺得，情義之於我，已是植入自己生命底層的DNA，因為有情義相伴，始能在職場叢林中彷若孤懸一身卻不寂寞，也才可以真正領悟出門在外靠朋友的拚鬥意義。

儘管我的死忠兼換帖，有些人已不知去向，猶如辭根散作九秋蓬，但留在家鄉而且還經常連絡的死黨們，卻像同一國的棋子般散落在人生棋盤上，默默地圍成一個隱形的兄弟圓，然後支撐著我這樣長年在異鄉走闖的遊子，有個去處可以慰藉鄉愁。那是一種沉靜相挺的義氣情誼，多年後的職場相逢，在某個皎月當空的中秋夜，當我與三位兄長舉杯邀月、歃酒為盟，又重溫那結拜的感動時，即使沒有年少舉香齊眉的豪氣干雲，卻多了幾許久經歲月風霜後的人間情義。

有時想想，談結拜、論情義，自己有一半的基因源自父親，而我若真有絲毫江湖味，那大抵也是循著父親廣交好義的生命模板依樣畫葫蘆。近些年，父親的健康狀況大不如前，他那壯碩的身影顯得有些老邁，記憶力也開始退化，我寫家族故事讓他有了回憶，找到生命最初最艱難的那一段。有些與家族相關的故事見報那天，阿爸一讀再讀，據阿母事後形容：「你爸讀到目眶紅，文章都快要背起來了。」

我的孩子也是如此，小兒子讀過我夏日去梨山打工的記事後佩服地說：「你們那個年代是奔放的！勇於上山當苦力，朋友感情又如此好。」我不知道他是否曾想起自己跟著紙風車劇團下鄉表演的辛苦經驗；他的死黨自組了一個太陽花樂團，早在太陽花學運還沒出現之前就到處走唱，但看了他老爸的狐群狗黨當年也曾搞過一個北半球樂團去百貨公司擺攤賣藝，他欣羨不已地說：「嘿，你們還真不賴，有人幫你們畫海報、做模型，搞行銷宣傳耶！」

不同的世代卻有相同的生命軌跡，父親與我、我與孩子，一家三代之間以看似迥異但又相互交錯的閱讀心得，連結了跨越世代且緊緊依偎的生命臍帶。在這一路書寫的旅途裡，我既為父親艱苦奮鬥的青年人生留下雪泥鴻爪，也從自己和孩子的心靈對話回溯了早已遠離的青春。

我喜歡文字工作，也愛閱讀生活，退伍後進入媒體這行業一做就是二十五年。直到每個月在副刊的書寫，才發現那已成了忙碌工作和繁瑣生活中不可或缺的逃生門，彷彿只要打開這扇門，就能看見藍天、聞到花香，並且在蟲鳴鳥叫與蝶飛蜂舞的環繞下，優游地享受一種赤腳踩在柔軟泥土裡的幸福感。因著這持續不斷的書寫動能帶來的幸福感，撫平了我慘綠年少的生命傷痕，也咀嚼了人生成長的苦澀滋味。

總結地說，這是一部「五年級生」的生命回顧史，也是一個羈旅天龍國的台中人穿越時空、重返家鄉的青春記事。在苦短的人生裡，我何其幸運，有上蒼的疼惜與眷顧，那個十七歲的大男孩因此能克服心中的恐懼與迷惘，勇敢地走到今日，並且書寫來時路，再次告別苦澀青春，告別蒼茫年代。

既然來到謝幕的這一刻，最該感謝的是我的頭號讀者兼校對苦工，我那結縭二十年的妻子，如果沒有她無悔的支持，這伏案書寫的日子仍是孤寂困阨，不知何時能破繭而出。當然，還有許許多多一路曾陪我走到這裡的人，無論相交深淺，無論天涯海角，都讓我敬你一杯，感謝你的情義相隨！

文學叢書 407

結拜
我的青春追想曲

作　　者　張瑞昌
內頁插圖　50cc
總 編 輯　初安民
責任編輯　陳健瑜
美術編輯　林麗華　黃昶憲
校　　對　謝惠鈴　陳健瑜　張瑞昌

發 行 人　張書銘
出　　版　INK 印刻文學生活雜誌出版有限公司
新北市中和區中正路800號13樓之3
電話：02-22281626
傳真：02-22281598
e-mail：ink.book@msa.hinet.net
網　　址　舒讀網http：//www.sudu.cc

法律顧問　漢廷法律事務所
劉大正律師
總 代 理　成陽出版股份有限公司
電話：03-3589000（代表號）
傳真：03-3556521
郵政劃撥　19000691 成陽出版股份有限公司
印　　刷　海王印刷事業股份有限公司

港澳總經銷　泛華發行代理有限公司
地　　址　香港筲箕灣東旺道3號星島新聞集團大廈3樓
電　　話　(852) 2798 2220
傳　　真　(852) 2796 5471
網　　址　www.gccd.com.hk

出版日期　2014年7月　初版
ISBN　978-986-5823-77-1

定　價　240元

國家圖書館出版品預行編目資料

結拜我的青春追想曲／張瑞昌 著；
--初版, --新北市中和區：INK印刻文學,
2014. 7　面；　公分.（文學叢書；407）
ISBN　978-986-5823-77-1（平裝）
1.張瑞昌 2.臺灣傳記
857.63　　102020410